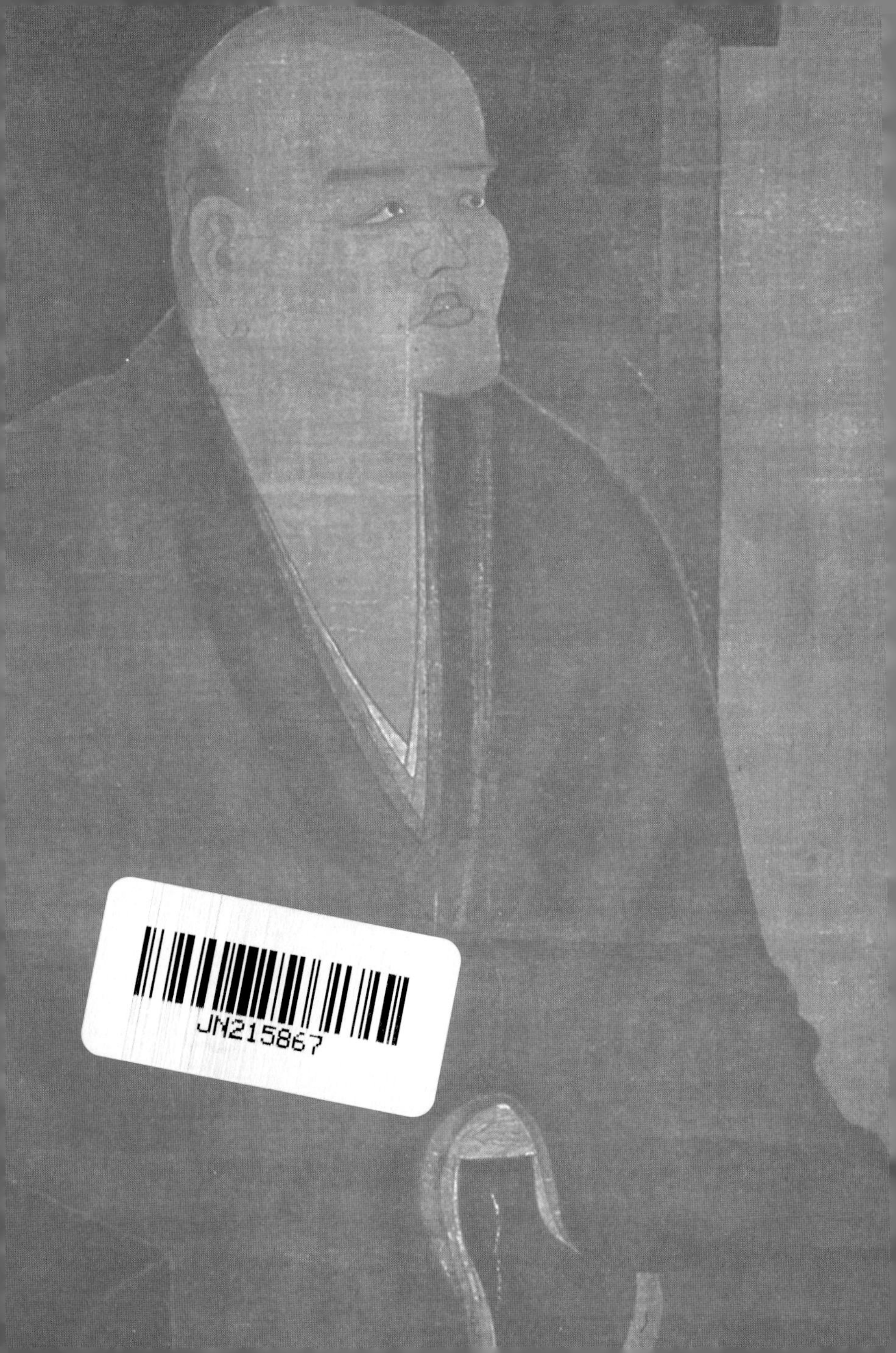

NHK 100分de名著ブックス

正法眼蔵

Shōbōgenzō

わからないことがわかるということが悟り

道元

Dōgen

ひろさちや

NHK出版

はじめに——智慧を言語化した哲学書

『正法眼蔵《しょうぼうげんぞう》』は、鎌倉時代の曹洞宗《そうとうしゅう》の開祖・道元《どうげん》の主著であり、未完の大著です。『正法眼蔵』というタイトルの「正法」は、正しい教えという意味です。釈迦が説いた教え、つまり「仏教」そのものにほかなりません。それが経典となって「蔵」に納められている。つまり「正法蔵」です。では、お経さえ読めば釈迦の教えが分かるでしょうか。そうではありませんね。それを正しく理解するには、読む者に経典を解釈する力、すなわち「智慧《ちえ》」が必要です。

たとえば、仏教は不殺生戒《ふせっしょうかい》において生き物を殺してはいけないと教えています。でも、生き物を殺すとは本当はどういうことなのか。たとえば生き物のなかに植物まで含めれば、わたしたち人間は生きていくことができません。ですから、わたしたちはこの教えを解釈しないといけない。解釈するには「智慧」が必要なわけです。

そして、そのような「智慧」を禅者たちは〝眼〟と表現しました。曇りのない眼でもって対象を見たとき、わたしたちは対象を正しく捉えることができる。蔵に納められた経典も、そのような「眼」でもって読み取れば、仏の教えを正しく理解できるのです。それを「正法眼蔵」と呼びます。

道元は、釈迦の正法を正しく読み取る智慧を、弟子たちや後世のわれわれに教えようとしました。それが『正法眼蔵』という書物です。

ご存じのとおり、道元は禅宗の僧侶です。それでは、禅とは何でしょうか。これはいろいろに定義ができると思いますが、ここでは、仏教の真理を言葉によらずに師から弟子へと伝えていく営み、と定義しておきます。禅の特色を示すものとして、

――不立文字《ふりゅうもんじ》・以心伝心――

がよく知られていますが、まさに文字（言葉）を立てずに、心から心へと真理を伝えていくのが禅なのです。

だとすると、釈迦の教えを正しく読み取る力を、書物、すなわち言葉をとおして伝えようとした道元の行為は、矛盾になりはしないでしょうか。

たしかにそうかもしれません。しかし彼は、その矛盾にあえて取り組んだのです。その背景には、道元の生きた鎌倉時代に広まっていた末法思想《まっぽう》がありました。末法とは、釈迦の正しい教えが廃《すた》れてしまうとされる時代のこと。鎌倉時代の日本において、人々は「いまが末法の世だ」という意識を持っていました。そのなかで、「南《な》無《む》阿《あ》弥《み》陀《だ》仏《ぶつ》」を称《とな》えるだけで極楽往生《ごくらくおうじょう》できるという念仏宗《ねんぶつしゅう》の信仰が盛んになります。しかし、道元はそれに反対しました。釈迦の教えを正しく伝える者、つまり正法眼蔵を持っている者さえいれば、釈迦の教えが廃れることなどない。それはいつの世にも残っていくものだ。それが道元の信念でした。

このように考えた道元は禅僧ですが、同時に偉大な哲学者でもあるといえるでしょう。

哲学とは何か。それは、人間の理性、つまり言葉でもって、人類普遍の真理を構築する営みです。道元は、たとえ末法の世になったとしても、仏教の真理を正しく読み取る眼が後世に伝わるよう、自らの智慧――それは、釈迦が菩《ぼ》提樹《だいじゅ》の下で開いた悟りと同じものである、と彼は信じていました――を言語化して残そうとしたのです。

禅の修行をする人のなかには、『正法眼蔵』を坐禅の方法を教えている指南書だと捉えている人がいます。「坐禅をしない者に『正法眼蔵』が理解できるわけがない」という人もいます。でも、道元が残したかったのは、坐禅のマニュアル本ではなかったとわたしは思います。仏教を正しく理解する眼を、禅の修行をする人にも、しない人にも、広く、そして永く伝えるために『正法眼蔵』を残そうとしたのではないでしょうか。

ですからわたしたちは、この『正法眼蔵』を、一般的な禅の書物としてではなく、仏教を理解する智慧をなんとか言語化しようと試みた道元の、その哲学的思索の跡として読むことにしたいと思います。

目次

ブックス特別章

＊本書における道元『正法眼蔵』の引用は、『正法眼蔵（一）～（四）』（水野弥穂子校注、岩波文庫）によりますが、読みやすさを考慮してふりがなを現代仮名遣いにあらためています。

第1章——「身心脱落」とは何か?

道元の生い立ち、そして一つの疑問

道元は正治二年（一二〇〇）、京都の貴族の名門に生まれました。近年は異説も提起されていますが、従来の説によれば父は内大臣久我通親《こがみちちか》*1、母は関白太政大臣藤原基房《もとふさ》の娘であったと言います。当時の貴族は政治家です。貴族の家系に生まれたということは、本来であれば政治家になるよう運命づけられていたと言えます。

しかし道元は、三歳にして父を、八歳にして母を亡くします。そのことも理由になるのでしょう、十四歳のとき、比叡山《ひえいざん》*2の天台座主《てんだいざす》*3公円《こうえん》に就いて剃髪染衣《ていはつぜんえ》*4しました。政治の世界を離れ、宗教の世界へと身を転じたのです。

ところが、政治と宗教ではまったく発想が違います。政治の世界は目的論的思考の世界です。未来に一つの目的があり、その目的達成の手段として、現在の事物が利用される。たとえば、「人間は何のために生きるのか」と問いを立て、「それは子孫を残すためだ」などと答えるのが目的論的思考です。しかし宗教では、目的など設定しません。そこに宗教の一つの大きな特色があります。いま述べた問いで言えば、「〇〇のために」と考えるのが政治的な発想です。そうではなく、生きているものはただ生きている。その事実から出発するのが宗教です。

道元は仏教者になろうとして出家しましたが、なかなかその世界に馴染《なじ》めませんでした。貴族の家に生まれ、政治家になるべく教育を受けてきたわけですから、当然のことかもしれません。

そんな道元は比叡山で修行を始めてまもなく、一つの大きな疑問に行き当たります。それは、「仏教においては、人間はもともと仏性《ぶっしょう》（仏の性質）を持ち、そのままで仏であると教えている。それなのになぜ、わたしたちは仏になるために修行をしないといけないのか」というものです。

この問いは、仏教の根本に触れる大きな疑問です。と同時に、プロの宗教者からはまず出てこないものだとも言えるでしょう。プロの宗教者にとって、修行をするのはあたりまえのこと。なぜ修行をするのかと考えるのは、たとえばプロ野球の新人選手がコーチに「なぜ練習をしないといけないのですか」と聞くようなものです。そんなことを聞いたら「おまえはアホか」とあきれられるのがオチでしょう。プロ野球選手にとって、練習するのは当然のことです。それと同様に、僧であるかぎり修行するのが当然です。

道元は自分が抱いた疑問を比叡山の学匠《がくしょう》たちにぶつけますが、誰も満足のいく答えを与えてはくれません。それはある意味愚問であり、答えようがないからです。そこで比叡山を下り、諸方の寺々に師を訪ね歩きましたが、そこでも答えは得られません。しかし、その過程で「その問題は自分で考えてごらん」という示唆《しさ》を受け取ったのでしょう。建保《けんぽ》五年（一二一七）、十八歳になった道元は京都・建仁寺《けんにんじ》*5の明全《みようぜん》*6の弟子となり、その六年後の貞応《じようおう》二年（一二二三）、明全とともに宋に渡りました。もちろん、自らが比叡山で抱いた疑問を解くためです。

ところが、宋に渡ってもなかなか疑問に答えてくれる人は現れません。諦《あきら》めかけて日本に帰ろうとしたところで、最後に、天童山景徳寺《てんどうざんけいとくじ》で如浄《によじよう》*7禅師という立派な師に会うことができました。この人こそ自分の求める師であるとして、道元は如浄の下に参禅して悟りに達し、長年の疑問を解き明かします。二十六歳のときのことです。

道元の悟り

では、道元はどのようにして悟りに達したのでしょうか。

長年の疑問への答えを急ぐ前に、彼の伝記である『三祖行業記《ぎようごうき》』*8や『建撕記《けんぜいき》』*9に記された大悟《たいご》*10の場面を紹介したいと思います。ここに、道元思想のキイ・ワードが登場します。

天童山にいた道元は、ある朝、大勢の僧とともに坐禅をしていました。そのとき、一人の雲水《うんすい》*11が居眠りをしてしまいます。如浄禅師は彼を叱ってこう言いました。

「参禅はすべからく身心脱落《しんじんだつらく》なるべし。只管《しかん》に打睡《だすい》して恁麼《いんも》を為《な》すに堪えんや」

参禅することは「身心脱落」のためである。それなのに、おまえはひたすら居眠りばかりしておる。そんなことで参禅の目的が果たせるというのか。そんな意味の叱声《しっせい》です。そして如浄は彼に警策《けいさく》を与えました。

そのとき、道元はパッとひらめきます。自分に向かって言われたのではない言葉、他の雲水を叱るために如浄禅師が発した言葉が触媒になり、豁然《かつぜん》大悟したのです。

それは、〝身心脱落〟という言葉でした。道元はただちに如浄のもとに行き、「身心脱落しました」と報告します。如浄は弟子の道元の悟りを認めました。

しかし、道元はいささか不安だったのでしょう。「これは暫時《ざんじ》の技倆《ぎりょう》（ちょっとしたテクニック）です。和尚よ、みだりにわたしを印可《いんか》（肯定）しないでください」と言います。

「わしは、みだりにおまえを印可したりはせんよ」

「では、そのみだりに印可しないところは、何なのですか」

「脱落、脱落」

如浄はそのように「脱落」という言葉を繰り返しました。それによって道元の大悟を肯定したのです。

じつはわたしは、このとき道元は、如浄が発した〝身心脱落〟という言葉を、師の意図とは違う意味で受け取った可能性が大きいと見ています。如浄は、身心脱落を「邪念をなくすこと」の意味で用いていました。如浄は居眠りする雲水を、「坐禅とは邪念をなくすことなのに、おまえは坐禅しながら五つの煩悩《ぼんのう》（五蓋《ごがい》*12）の一つである睡眠蓋にとらわれている。ナンタルコトゾ！」と叱ったわけです。

ところが道元は、その言葉を聞いた瞬間、文字どおりに身心脱落してしまった。ちっぽけな自我《エゴ》に対する執着がなくなり、一種の「没我」あるいは「無我」の境地に到達したのです。

聞き間違いで悟りに達するなんて、と思うかもしれませんが、世の中とは案外そういうものではないでしょうか。わたしの場合、教え子が、「先生のあのときの言葉が役に立ちました」などと言ってくれることがあります。でもたいてい、それは話の本筋ではないのです。わたしの脱線話から自分なりに意味をふくらませて受け取っている。ですから、道元が聞き間違いで悟りに達したと言ってもちっとも不思議ではありません。その証拠に、如浄は弟子が悟りに至ったことをはっきりと見分け、お墨付きを与えています。

仏だからこそ修行ができる

ともかく道元は、「身心脱落」という言葉によって悟りの境地に達しました。したがって、道元禅の本質は、この「身心脱落」にあります。これさえ理解できれば、道元の思想が理解できるといっても過言ではないでしょう。

では、「身心脱落」とは、どういうことでしょうか。

これは、文字どおりの意味でいえば、身も心もすべて脱落させるということ。その意味するところは、「あらゆる自我意識を捨ててしまうこと」だと考えればよいでしょう。

わたしたちはみな、自我を持って生活しています。そして、その自我のぶつかり合いでお互いを傷つけ合っているのです。「あなたにあんなことを言われてわたしはつらかった」と自我が傷ついたことに落胆したり、「いや、自分は悪くない、あいつが悪いのだ」と開き直って自我を修復したりする。自我のあること自体はよくも悪くもないのですが、問題はそれが他人との対抗意識や競争意識につながることです。

それならば、そんな自我は全部捨ててしまえ！ というのが「身心脱落」です。

わたしは、自我というものを角砂糖に譬《たと》えます。わたしと他人の接触は、角砂糖どうしのぶつかり合いです。それで角砂糖が傷つき、ボロボロに崩れます。それでも修復をはかり、自我を保っています。

道元の身心脱落は、そんな修復なんかせず、角砂糖を湯の中に放り込めばいいじゃないか、というアドヴァイスです。わたしたちは、いつも角ばった砂糖の状態を保とうとしている。でも、それを湯の中に入れてごらん、というわけです。

湯の中というのは、悟りの世界です。真理の世界、宇宙そのもの、と言ってもよいでしょう。わたしという全存在を、悟りの世界に投げ込んでしまう。それが「身心脱落」です。

でも、身心脱落は自己の消滅ではありません。角砂糖が湯の中に溶け込んだとき、角砂糖は消滅したわけではないのです。ただ角砂糖という状態でなくなっただけで、全量は変わっていません。角砂糖は少しもなくなってはいない。そこに溶けているのです。それと同じように、自分を悟りの世界に放り込み、そこに溶け込めばよい。そうすれば自我というものが脱落した状態になる。道元はそんなふうに気がついたのだと思います。

とすると、一般に言われる〝悟りに達した〟〝悟りを得た〟といった表現はちょっと違うかもしれませんね。人は、普通、「悟り」というものがあって、禅はその悟りを捉えるものだと思っていますが、それは違います。道元は身心脱落して、「悟りの状態・

境地」「悟りの世界」に溶け込んだのです。

そしてここに、若き日に道元が抱いた疑問に対する解答があります。

わたしたちは、仏教の修行者は悟りを求めて修行をすると思っています。若き日の道元もそう考え、われわれには仏性があるのに、なぜ悟りを求めてわざわざ修行しないといけないのか、と疑問に思ったのです。

ですが、道元が達した結論から言えば、それは逆なのです。「悟り」は求めて得られるものではなく、「悟り」を求めている自己のほうを消滅させるのです。身心脱落させるのです。そして、悟りの世界に溶け込む。それがほかならぬ「悟り」です。道元は、如浄の下でその境地に達したのです。

「悟り」の中にいる人間を仏とすれば、仏になるための修行ではなく、仏だからこそ修行できる。それが道元の結論です。

『正法眼蔵』の成立

悟りを得た道元は、安貞《あんてい》元年（一二二七）、宋から日本に帰国します。

いや、〝悟りを得た〟といった表現はまたしても適切ではありませんね。道元の悟りは「身心脱落」であったのですから、むしろ放棄というべきでしょう。すべてを捨てて帰国したのです。

当下《とうげ》に(ただちに)眼横鼻直《げんのうびちょく》(眼は横に、鼻は直《たて》に)なることを認得して、人瞞《にんまん》を被らず(人にだまされない)。便《すなわ》ち空手にして郷にかえる。所以《ゆえ》に一毫《いちごう》(毛筋ほど)の仏法なし。(『永平広録』*13)

「眼横鼻直」——目は横に、鼻は縦についているという、あるがままのことが分かったので——、「空手還郷《くうしゅげんきょう》」——手ぶらで故郷に還ってきた——と、道元は語っています。身心を捨てて帰ってきたのです。

帰国した道元は、しばらくは京都の建仁寺に住みます。しかし、三年後の寛喜《かんぎ》二年(一二三〇)に、建仁寺を追い出されるかたちで山城(京都府)の深草《ふかくさ》の地に移りました。三十一歳のときです。そして、寛元《かんげん》元年(一二四三)に四十四歳で北越に移るまでの十三年間、深草の地において仏法を説き続けました。

道元が『正法眼蔵』の最初の巻である「現成公案《げんじょうこうあん》」を執筆したのは、この深草の地においてでした。三十四歳のときです。

「現成公案」は、道元が九州に住む在家信者のために自ら執筆したものです。しかし、

『正法眼蔵』のすべての巻がそうであったのではありません。ほとんどの巻は「示衆《じしゅ》」のために書かれています。「示衆」とは衆《しゅ》（出家修行者）に示すため、つまり説法のために書かれたものということです。

晩年の道元は（といっても亡くなったのが五十四歳ですから十分若かったわけですが）、自分のライフ・ワークとして、それまでに執筆したものをすべて書き改め、さらに新稿を加えて、全百巻の『正法眼蔵』を制作するつもりであったようです。しかし残念ながら、その構想は道元の示寂《じじゃく》*14によって頓挫《とんざ》しました。

だがその遺志は、道元が開山した永平寺《えいへいじ》の第二世を嗣《つ》いだ弟子の懐弉《えじょう》*15によってある程度果たされました。懐弉は、生前の道元が示衆のためにつくった草稿を書写していたらしく、そこに「現成公案」を加えて七十五巻の『正法眼蔵』を編集しました。道元入滅後二年目の建長《けんちょう》七年（一二五五）にその編集が完了しています。

ところが、あとになって、道元が執筆して人に与えたものや、また道元が示衆のために用意しながら説法に使わずにおいたものが多数あることが分かりました。そのうちには道元の真筆《しんぴつ》のものもあります。それらの新発見の巻を加え、江戸時代、元禄《げんろく》三年（一六九〇）ごろに、永平寺三十五世の晃全《こうぜん》*16によって編集されたものが九十五巻本の『正法眼蔵』です。この九十五巻本は、永平寺五十世の玄透《げんとう》*17によって再編集され、大本山永平寺版として刊行されました。今日、『正法眼蔵』といえば、この九十五巻本の大本山永平寺版が底本になっています。

「現成公案」から身心脱落を読み解く

それでは、道元が最初に執筆した「現成公案」から読んでいくことにしましょう。「現成公案」の巻は、七十五巻本の『正法眼蔵』の第一巻に置かれたものです。道元はここにおいて、

——わたしたちのいま目の前に現れている世界の構造——

を明らかにしようとしています。さきほど触れたように、この「現成公案」は道元が在家信者のために書いたものです。プロの僧侶ではないわたしたちにとって、これはありがたいことですね。道元はここで、世界の構造を禅の修行の体験なしに誰にでも分かるかたちで解説しようとしています。序論で述べたように、ここが、『正法眼蔵』が普通の宗教書ではなく哲学書だと言える所以《ゆえん》です。

「現成」という語は、「いま目の前に現れ、成っている世界」を意味します。「公案」と

は、禅の師家《しけ》が弟子を指導する際に用いる試験問題のことです。通常、「公案」は、弟子の実力をテストするために使われますが、道元はこれを「メーンテーマ」あるいは「モチーフ」の意味で使っています。つまり、われわれのいま目の前に現れている世界を、われわれはどのように理解すればよいかを、ここで道元は論じているのです。

では、われわれは世界をどう理解すべきでしょうか？　普通、「現成」が「現れる」のであれば、それは「消滅する」と対になり、「成る」といえば「壊れる」と対になります。でも道元によれば、そのような対でもって考えてはいけないのであって、世界はいまあるがまま、そのままの存在です。わたしたちが世界をあるがままに認識できたとき、わたしたちは仏教者になれたのであり、それがすなわち悟りなのだ、と道元は言っています。道元の哲学の根本がここにあります。

迷いも悟りもない

まずは、「現成公案」の冒頭部分を読んでみましょう。

諸法の仏法なる時節、すなはち迷悟あり、修行あり、生《しょう》あり、死あり、諸仏あり、衆生《しゅじょう》あり。

万法《まんぽう》ともにわれにあらざる時節、まどひ《い》なくさとりなく、諸仏なく衆生なく、生《しょう》なく滅《めつ》なし。

これは現代語に訳しても分かりにくいと思いますので、現代語訳なしで解説します。「諸法」の「法」は、「物」といった意味で、この世に存在するもろもろの物を意味します。したがって、「諸法」は世界そのものだと思えばよいでしょう。次の「万法」も同じです。道元はここで、わたしたちは世界をどのように認識すべきかを論じています。

「諸法の仏法なる時節」とは、現実世界に仏法（仏の教え）でもって対するなら、ということです。つまり、仏道修行を始めようというスタート地点に立つことです。

わたしたちは、普段は仏法によって現実世界に対していません。たいていは損得計算に立って世界を見ています。それが一大発心《ほっしん》して仏道を歩もうとする。そうすると、たんに迷いが出てくるのです。迷いが出てくるというのは、逆にいえば悟りが意識されるわけです。悟りに向かって歩もうとするから、自分はいま迷っている衆生だと自覚される。だから、迷いと悟りがあり、衆生と仏があるのです。

ところでわたしたちは、迷いがなくなったのが悟りだと思っています。迷いというのは煩悩であって、その煩悩を断じ尽くした末に得られるのが悟りだと思っているのです。

この〝悟り〟という言葉について誤解している人が多いと思いますので、ここで少し解説しておきましょう。〝悟り〟はサンスクリット語[*18]の〝ブッダ〟と同じで、「目が開ける」という意味です。そして、これは自動詞です。「〇〇を悟る」という他動詞ではありません。ですから、悟ったといっても、宇宙の真理「を」知り尽くしたがゆえに迷いが消滅する、ということではないのです。目が開いた状態のなかにも迷いはあるのです。

道元も、迷いが消えた末に得られるのが悟りだという考えを否定しました。迷いには実体がありません。実体がないのですから、その迷いを消滅させることはできないのです。わたしたち凡夫《ぼんぷ》は、迷いをなくそうと思ってやきもきします。悟りを得ようと思ってやきもきします。それがまちがいです。迷いも悟りもありはしないのです。

では、何があるのでしょうか。道元によれば、それが身心脱落です。「万法ともにわれにあらざる時節」です。これは身心脱落したあとでの世界認識です。自我意識を消滅させ、悟りの世界に溶け込む。するとそこには迷いも悟りもなく、仏も衆生もありません。わたしたちの目の前にあるのは、ただあるがままの世界――現成――なのです。

だとすると、わたしたちは無理に悟りを求めてはいけません。自分のほうから悟りを追い求めるのが迷いです。そうではなく、悟りのほうからわたしたちのところにやってくるのです。

自己をはこびて万法を修証《しゅしょう》するを迷《まよい》とす、万法すゝみて自己を修証するはさとりなり。

自分のほうから悟りの世界に近づいて行こうとするのは迷いである。悟りの世界のほうからの働きかけがあって、それではじめて身心脱落できる、つまり悟りの世界に溶け込むことができるのです。角砂糖の例でいえば、角砂糖を湯の中に放り込むのではない。むしろ湯のほうが、角砂糖の上にそそがれるのです。

自分の中の「他人」を脱落させよ

「現成公案」の中で、道元は身心脱落についてこんなことも言っています。身心脱落においては、「自己」を脱落させると同時に「他己《たこ》」を脱落させることも必要だと。

仏道をならふ《う》といふ《う》は、自己をならふ《う》也。自己をならふ《う》といふ《う》は、自己をわするゝなり。自己をわするゝといふ《う》は、万法に証せらるゝなり。万法に証せらるゝといふ《う》は、自己の身心および他己の身心をして脱落《だつらく》せしむるなり。

仏道を学ぶということは、自己を学ぶことだ。自己を学ぶというのは、自己を忘れること。自己を忘れるというのは、悟りの世界に目覚めさせられることである。悟りの世界に目覚めさせられるということは、自己および他己（他なる自己、すなわち自己のうちにある他人）を脱落させることである。

わたしたちは、自分の身心だけでなく、自分のなかにある他人というものも脱落させないといけないというのです。

この「他己」とは何でしょうか。これは、芥川龍之介[*19]の短編小説『蜘蛛の糸』を用いて考えてみるとよく分かると思います。

『蜘蛛の糸』のなかでお釈迦さまは、地獄で苦しんでいる犍陀多《かんだた》という罪人を救うため、極楽の蓮の葉の上にいる蜘蛛から糸を取り、地獄の底に下ろしてやります。犍陀多は、これで救われると喜んでその蜘蛛の糸をのぼり始めます。この蜘蛛の糸をのぼる営みを、仏道修行だと考えてみましょう。犍陀多は糸をのぼっている最中に、ふと下を見ます。すると大勢の罪人どもが自分のあとからのぼってきている。自分一人の重さでも切れそうな細い糸なのに、こんなに大勢がのぼったら本当に切れてしまうかもしれない。そこで犍陀多は、「おまえたちは、下りろ、下りろ」と叫びます。叫んだとたんに糸が切れて、犍陀多は再び地獄に落ちてしまいました。

このときの、犍陀多が目にした大勢の人たち、これがまさに他己です。これがあるかぎり、自分が救われないかもしれないという恐怖心に襲われて、「おまえたちが悪い、下りろ」と叫んでしまう。それが煩悩です。道元によれば、悟りの世界に目覚める、あるいは悟りの世界に溶け込むとは、自己を脱落させると同時にそうした他己をも脱落させるということです。自己を忘れ、他己を忘れるのです。

道元においては、蜘蛛の糸をのぼっているときの、まさにいま自分がつかんでいるその部分が仏の世界です。はるか天上の彼方《かなた》に仏の世界があるのではない、いまそこにあるもの、それが仏の世界です。そしてその仏の世界に自分が溶け込み、なりきってしまえば、「あとどれだけのぼればいいのだろう」と上を見る必要もなければ、ましてや、「誰かが追ってくるかもしれない」と下を見る必要もまったくないのです。ただそこにいる。それが身心脱落だと思ってください。

いま、サラリーマンをはじめ働く人の抱える葛藤《かっとう》のほとんどは、この「他己」を気にしていることに起因するのではないでしょうか。

会社などの組織には、たいていイヤなやつがいるものです。たとえば、自分のことばかり考えている傍若無人《ぼうじゃくぶじん》な上司。いくらその人のことがきらいで早く失脚すればいいと思っていても、逆にその上司のほうでは生意気な部下が許せないと悩んでいるかもしれない。それはいずれも自分が思う他人なのであって、極言すれば、気にしてもしょうがないわけです。上司が成功しようが失脚しようが、自分は自分になりきればよい。同僚より少しでも度量の大きい人間になろうと思うのも迷いです。いくら同僚と比べたところで、あなたはあなたでしか生きられないわけです。いまあなたがつかんでいる蜘蛛の糸をしっかりとのぼっていけばよいのです。

薪は薪、灰は灰

道元は、悟りと迷いが別々の世界にあるのではない、いま目の前に現れている存在すべてが悟りなのだと説いています。この章の最後に、道元がそれを薪《たきぎ》と灰の関係で説明している箇所を紹介しましょう。

たき木、はひ《い》となる、さらにかへ《え》りてたき木となるべきにあらず。しかあるを、

灰はのち、薪《たきぎ》はさきと見取《けんしゅ》すべからず。しるべし、薪は薪の法位《ほうい》に住して、さきありのちあり。前後ありといへ《え》ども、前後際断せり。灰は灰の法位にありて、のちありさきあり。かのたき木、はひ《い》となりぬるのち、さらに薪とならざるがごとく、人のしぬるのち、さらに生《しょう》とならず。

わたしたちは普通、樹木が薪になり、それがのちに灰になると見ますが、そうではないと道元は言います。目の前に灰があれば、それは灰でしかないのです。いくら昔は薪だったと言っても、灰が再び薪になることはありません。「灰は灰のあり方においてのちがあり先がある」のです。そして、その灰を灰としてしっかり見ることができれば、それが悟りなのです。

なんだか抽象的な議論だと感じるかもしれませんが、これはわたしたちの日常生活における問題に直結しています。わたしたちは、健康な人が病気になり、そのあとその病気が治ったと見ます。だから、病気になれば早く治ってほしいと願います。それが煩悩であり、迷いです。ですが、道元が言うように、病気になれば目の前に病気があるだけです。病気が現成しているのです。わたしたちはその現成した病気をしっかりと生きればよい。そう考えられるようになるのが悟りなのです。

現実はあるがまま、そのままなのです。わたしたちはそれをあるがまま、そのままに受け取ればいい。

ではどうすれば、現成をあるがままに受け取れるかと言えば、身心脱落することです。自我意識を捨てることです。その身心脱落した境地から現実世界を眺めるとどう見えるか。それを道元は「現成公案」で示したのです。

＊1 久我通親

一一四九〜一二〇二。平安末〜鎌倉初期の公卿で、土御門天皇の外祖父として権勢をふるった。久我家は村上天皇の孫・源師房から始まる村上源氏の嫡流で、平安末期以降、別荘の地名をとって久我を称し、摂関家に次ぐ清華家の家格を誇った。道元の父については、通親の子・通具とする説もある。

＊2 比叡山

比叡山（京都市・大津市）にある天台宗の総本山延暦寺を指す。延暦寺はもともと円（天台教学）を中心とした密（密教）・禅（禅定）・戒（戒律）四宗兼学の総合道場であった。鎌倉新仏教の開祖たちの多く（法然・栄西・親鸞・道元・日蓮）も仏教の最高学府であった延暦寺での修行を経験した。

＊3 天台座主

天台宗一門を統轄する、比叡山延暦寺の最高位の僧職。最澄の弟子の義真を初代とする。

＊4 剃髪染衣

頭髪を剃り、墨染めの法衣を着ること。つまり出家して仏門に入ること。

＊5 建仁寺

臨済宗建仁寺派の本山。京都市東山区にある。一二〇二年（建仁二）、二代将軍・源頼家を開基、栄西を開山として創建。当初は天台・密教・禅の三宗兼学の道場として出発したが、蘭渓道隆が住職となって以降、禅寺として隆盛し、京都五山にも列せられた。

＊6 明全

一一八四〜一二二五。鎌倉初期の臨済宗の僧。仏樹房明全。比叡山で学んだのち建仁寺の栄西に師事。道元とともに宋へ渡り、天童山景徳寺に入るが病死。道元が遺骨をもって帰国し、建仁寺に葬った。

＊7　如浄禅師

一一六二〜一二二七。中国、宋代の曹洞宗の僧。天童如浄。天童山景徳寺の三十一世住職。坐禅を中心とする厳格な修行を行い、弟子を悟りに導いた。

＊8　『三祖行業記』

『永平寺三祖行業記』の略。永平寺の初祖道元、二祖懐奘、三祖義介の伝記。撰者、成立時期は不明。

＊9　『建撕記』

『永平開山行状建撕記』の略。永平寺十四世建撕（一四一五〜七四）が編集した道元の伝記。

＊10　大悟

仏教用語で真理を悟ること。「大悟徹底」とも。『正法眼蔵』「行持 上」巻で道元は「大悟をまつことなかれ、大悟は家常の茶飯なり」と述べている。

＊11　雲水

「行雲流水」の略で、禅の修行僧のこと。諸方に師を求め道を尋ねて行脚《あんぎゃ》するようすを一か所にとどまらない雲や水の動きにたとえたもの。

＊12　五蓋

修行を妨げる五つの煩悩。①貪欲《とんよく》蓋は欲への執着、②瞋恚《しんに》蓋は怒りや恨み、③睡眠蓋は倦怠や眠気、④掉悔《じょうかい》蓋は心の不安や悩み、⑤疑蓋は疑い迷うこと。

＊13　『永平広録』

一二三六年（嘉禎二）の興聖寺開堂の法話から晩年に至るまでの道元の言行録。弟子たちが年代順に編集した。和文で詳細に著した『正法眼蔵』に対し、『永平広録』は生の説法の記録。全十巻。

＊14　示寂

仏や菩薩、高僧が死ぬこと。

＊15 懐奘

一一九八～一二八〇。鎌倉中期の曹洞宗の僧。孤雲懐奘。比叡山で天台教学、多武峰で達磨宗などを学んだのち、宋から戻った道元を訪ねて師事。以来、道元に付き従い、『正法眼蔵』の浄書や編集を行い、道元の説法を筆録した『正法眼蔵随聞記』もまとめた。

＊16 晃全

一六二七～九三。江戸前期の曹洞宗の僧。版橈晃全。中国高僧伝『僧譜冠字韻類』百五十巻など多くの著作を編纂した。永平寺三十五世のとき編集した『正法眼蔵』は晃全本とよばれる。

＊17 玄透

一七二九～一八〇七。江戸後期の曹洞宗の僧。玄透即中。諸寺を歴住したのち永平寺の五十世として「古規復古運動」を推進。道元禅師の五百五十回大遠忌にあたり再編集した『正法眼蔵』は玄透本ともよばれる。

＊18 サンスクリット語

インド・ヨーロッパ語に属し、紀元前五～前四世紀に文章語として完成された、古代インドの言語。梵語。正統インド語としてヒンドゥー社会で重視され、仏教も次第に取り入れるようになった。

＊19 芥川龍之介

一八九二～一九二七。大正期の小説家。『鼻』で夏目漱石に激賞され、『羅生門』『芋粥』『地獄変』などの短編小説で新技巧派の代表作家となる。『蜘蛛の糸』は一九一八年、児童雑誌「赤い鳥」創刊号に発表された。

第2章——迷いと悟りは一つである

道元の帰国

前章で、道元が宋から帰国し、『正法眼蔵』を書き始めるまでの経緯を簡単に紹介しました。『正法眼蔵』をさらに読み進める前に、この間の出来事をもう少し詳しくお話ししておきましょう。

道元の伝記『建撕記』によると、道元の帰国に際し、師の如浄が次のような餞《はなむけ》の言葉を贈ったといいます。

国に帰り、化《け》を布《し》き、広く人天《にんでん》を利せる。城邑聚落《じょうゆうじゅらく》に住すること莫《なか》れ。国王大臣に近づくこと莫れ。只、深山幽谷に居して、一箇半箇を接得し、吾《わが》宗をして断絶に至らしめること勿《なか》れ。

国に帰ったら布教活動をせよ。権力者に近づくな。山林に住して、一人でもいい、一人が無理なら半人でもいい。法を伝える弟子をつくって、釈迦正伝の仏法を断絶させるな。そんな厳しい誡《いまし》めです。

ですが、帰国後の道元は、その言葉に反して京都の建仁寺に入りました。建仁寺は名《めい》刹《さつ》*1であって「深山幽谷《しんざんゆうこく》」*2ではありません。道元が建仁寺に入ったのは、ともに宋に渡りながら現地で客死した師の明全の遺骨を納める意味があったでしょう。また、帰国直後には「深山幽谷」に適当な地を見つけることができず、やむなく建仁寺に入ったとも考えられます。

わたしは、宋で明全が亡くなり、道元が一人で日本に帰ってきたことが、ある意味で道元の運命を大きく変えたと思います。道元と明全の関係は、たとえていうなら大学生と大学教授のようなものです。二人が宋に行くということは、大学教授の明全が自分のアシスタントとして大学生の道元を連れて外国留学することに相当します。わたしの推測では、もし明全が生きて道元とともに帰国していたら、道元は大学教授である明全の引き合いで相当なポストに就けてもらえたと思います。ところが明全は亡くなり、道元は一人で帰ってきました。となると、いくら大悟したとはいえ、道元が建仁寺でそれほど優遇されなかったことは想像がつくと思います。

禅の立宗宣言

建仁寺に入った道元は、その年に『普勧坐禅儀《ふかんざぜんぎ》』を著しました。外国留学した者が、自分が留学先で学んできた成果を発表するようなものです。

『普勧坐禅儀』は、題名が示すように、坐禅が仏教の基本であることを確認し、人々に普《あまね》く坐禅を勧《すす》めた書です。日本の従来の伝統的な仏教教学である天台教学においても、坐禅は、念仏などの他の修行と「兼ねて修する」というかたちで認められていました。

仏教においてははじめから、

――戒学《かい》・定学《じよう》・慧学《え》の三学[*3]――

といって、仏道の修行者が必ず修学せねばならないものとして、戒律と禅定《ぜんじよう》（坐禅）と智慧が重んぜられてきました。これをそのまま受け取るなら、坐禅の重みの割合は全体の「三分の一」となります。しかし道元は、禅のうちに戒も慧も含まれるとして、禅を「一分の一」に変えました。いわば、禅を独立させたのです。そのことを記した『普勧坐禅儀』は、禅の独立宣言書といえるでしょう。

だとすれば、当然のことながら、天台宗、すなわち比叡山から道元に圧迫が加えられたことが想像されます。当時の建仁寺は天台教学の影響下にあったのですが、禅を独立させた道元の立場は建仁寺と相容《あいい》れません。そこで寛喜二年（一二三〇）に、道元は建仁寺を退いて山城（京都府）深草の安養院《あんようい》に移りました。そしてその翌年、道元は安養院において、『弁道話《べんどうわ》』[*4]を書き上げます。『弁道話』は、これもまた道元禅の本質を開陳した書です。

それゆえわたしたちは、『普勧坐禅儀』と『弁道話』をもって、道元による立宗宣言と受け取ることにします。『弁道話』の成立した寛喜三年（一二三一）は、道元の三十二歳のときでした。

さて、立宗宣言がなされても、理想を実現するには、そのための特別な道場が必要です。道場は、天福《てんぷく》元年（一二三三）、同じく深草の地に建立されました。観音導利院《かんのんどうりいん》と名づけられ、のちに興聖宝林寺《こうしょうほうりんじ》（興聖寺と略されます）と改名された寺がそれです。

わたしたちがいま読んでいる『正法眼蔵』は、この年（天福元年）にこの興聖寺において書き始められました。

ちなみに、道元のただ一人の法嗣《はっす》（後継者）である懐弉《えじょう》がやって来て随侍するようになったのは、興聖寺の建立された翌年のことでした。

「生死」の巻に見る迷いと悟り

それでは、『正法眼蔵』をさらに読み進めていくことにしましょう。

前章で取り上げた「現成公案」の中で道元は、迷いが消えて悟りに至るという図式を否定し、身心脱落した状態から見れば、迷いも悟りもありはしない、いま目の前に現れているものすべてが悟りだと説きました。同じことが、「生死《しょうじ》」の巻でも語られています。

「生死」の巻は、『正法眼蔵』の中でも非常に短いものです。じつはこの巻は、道元の死後に『正法眼蔵』の浄書・整理に従事した懐弉が編集した七十五巻本にも、また応永《おうえい》二十六年（一四一九）ごろに編集・書写された八十四巻本にも収録されておらず、ずっとのちの江戸時代になって永平寺の宝蔵から出てきたものです。そして古い注釈書には、この巻について「けだし官士に示せるものならんか」とあります。役所に仕える人間、すなわち俗人を対象に道元が書いて与えたものかもしれないというのです。そう言われてみると、『正法眼蔵』の他の巻にくらべると、この「生死」の巻は平易な文体で書かれています。そして、言っていることが「現成公案」の巻とぴたりと一致しているのです。そういうわけですから、わたしたちは「現成公案」に続けて「生死」の巻を読むことにしましょう。

道元は、二つの引用でもってこの巻を書き始めます。

生死《しょうじ》の中に仏あれば生死なし。又云《いわ》く、生死の中に仏なければ生死にまどはず《わ》。

前者は宋時代の禅師・夾山《かっさん》、後者も同時代の定山《じょうざん》の言葉だと言いますが、実際に調べてみると、二人の禅師の言葉は道元が紹介したものとは大きく違っていました。でも、それはあまり重要なことではありません。ともかく道元はこれら二つの言葉をつくりだして、生死の問題を追究するのです。

では、道元はこの二つの言葉で何を言いたかったのでしょうか。

まず前者ですが、ここで「生死」というのは迷いです。「仏」は悟り。わたしたちは迷い（生死）の世界で生活しているのです。しかし、わたしたちがその本質をしっかりと悟ってしまえば、迷いはなくなります。それが、「生死の中に仏あれば生死なし」です。

次に後者です。「生死（迷い）の中に仏（悟り）なければ」というのは、迷いの世界にいるわたしたちがその迷いを悟りによって超越しよう、克服しようなどと思わなければ、という意味です。そのとき、わたしたちは迷いに迷うことはありません。

そして道元は続けます。

ただ生死すなはち涅槃《ねはん》とこゝろえて、生死としていとふ《う》べきもなく、涅槃として

ねがふ《う》べきもなし。

ただ、生死がそのまま涅槃だと心得て、生死（迷い）であるからといって忌避《きひ》せず、涅槃（悟り）であるからといって願ってはならない。つまり、迷いのなかに悟りがあれば迷わないし、悟りを求めてあくせくしなければ迷わない。「そうしたとき、はじめて生死を離れる手立てができる」と道元は言います。

「涅槃」という言葉についても誤解が多いようですから、ここで補足しておきましょう。涅槃とはお釈迦さまが亡くなることだと思っている方が多いようですが、本当はそうではありません。涅槃とは煩悩を克服することです。お釈迦さまは三十五歳のときに悟りを開いて涅槃に入りました。これが第一の涅槃です。肉体はまだある状態です。そして八十歳で亡くなり、ついに肉体すらなくなった。その状態を般涅槃《はつねはん》（パリ・ニルヴァーナ）と言います。「パリ」とは「完全な」という意味で、完全な涅槃に入られたということ。お釈迦さまの場合はそこに「大」を付けて「大般涅槃」と言います。

この「涅槃」に対し、煩悩を克服していない状態が「生死」です。

自分を仏の世界に投げ入れる

さて、冒頭の二つの言葉に戻れば、要するに、生死というものをあるがままに見ることができれば、生死そのものが消滅するということです。なぜなら、わたしたちが生きているあいだは死んではいないし、死んでしまえば生はないからです。道元が言うように、「生といふ《う》ときには、生よりほかにものなく、滅といふ《う》とき、滅のほかにものなし」なのです。

逆に、生死の中にあって、それを超越しよう、克服しようなどと思わなければ、わたしたちは迷わずにすみます。わたしたちが迷うのは、生死を超越したいと思うからです。

だとすると、次のような結論が導き出されます。

ただわが身をも心をもはなちわすれて、仏のいへ《え》になげいれて、仏のかたよりおこなは《わ》れて、これにしたがひ《い》もてゆくとき、ちからをもいれず、こゝろをもつひ《い》やさずして、生死をはなれ、仏となる。

わたしたちはいっさいの妄想——妄想というのは、生死にこだわり、生死を超越しようなどと考える心の働きです——をやめて、すべてを仏にまかせて、仏の心のままに生きるようにすればよい。そうすれば、わたしたちは凡夫ではなくなり、仏になりきっている。道元はそう言います。

「わが身をも心をもはなちわすれて」とは、まさに前章のテーマであった「身心脱落」と同じことです。「仏のいへになげいれて」とは、仏に「なりきる」ということ。道元が直接「なりきれ」と言っているわけではないのですが、この〝なりきる〟は道元を理解するうえでのもう一つのキイ・ワードだとわたしは考えています。たとえば幾何《きか》の問題を解くとき、図形にはない補助線を加えると、うまく問題が解けることがありますね。それと同じように、道元の言葉にはない一つの言葉を補ってみると、道元が何を言いたいのかよく分かる。その補助線が「なりきる」だとわたしは思っています。

道元は、生死を超越しようなどと思わず、仏になりきってしまえばいいと言っています。前章の蜘蛛の糸の譬えで言えば、下からのぼってくる人のことなど気にせず、蜘蛛の糸になりきってしまえばいいということです。そしてこの「なりきる」も、仏の世界に溶け込んでいくということで、身心脱落と同じ意味です。

仏教の根本義そのものになれ

道元はこの「なりきる」ことの重要性を、「祖師西来意《そしせいらいい》」の巻でも説いています。おもしろい内容ですので、見てみることにしましょう。この巻は、いわゆる禅の試験問題である公案を評釈した巻の一つで、次のような公案を取り上げています。

一人の男が樹の上で、口で枝をくわえ、手も足も枝から離れて宙ぶらりんになっている。そこに人がやってきて、樹の下から、

「いかなるか、これ、祖師の西来の意」

と質問しました。祖師というのは、インドから中国に禅を伝えた達磨《ダルマ》大師*5のことで、彼は何のためにインドから来たのか、と尋ねたのです。

これは「仏教の根本義は何か」といった問いだと思ってください。樹の枝に口でぶら下がっている男は、この質問に答えて口を開くと樹から落ちて死んでしまいます。かといって答えなければ、彼は仏教の修行者でなくなります。さあ、どうするか……?

この公案を評釈して、道元は次のようなことを述べるのです。一人の男が樹にのぼっているとき、その男は樹そのものになりきればよい。そうすると、樹が樹をのぼるのであり、逆に樹そのものが男になりきるなら、男が男をのぼっている。そういう理屈になります。

そして、樹の下から問いかける人がいます。樹の上で答える人がいます。ですが、問者が答者になりきり、答者が問者になりきれば、そこには通常の意味でいう問いも答え

もないのです。問う必要もなければ、答える必要もありません。

同様に、人が「西来意（仏教の根本義）」そのものになりきれば、「西来意」をわざわざ勉強する必要はないのです。「西来意」が「西来意」を問い、「西来意」が「西来意」を答えます。そうすると、そこには言葉が不要です。

分かりやすく解説するなら、道元は、「おまえさん、あれこれ考えるな。そのものになりきってしまえばいいではないか」と言っているわけです。たとえば、わたしたちが病気をしたら、病気になりきればいい。何とかしてこの病気を軽くしようとするから苦しみが増すのです。苦しみのときは苦しみになりきればいい。暑いときには暑さそのものになりきればいいし、寒いときには寒さそのものになりきればいいのです。寒さそのものになりきるなんておかしいという人もいるかもしれませんが、スキーに行くことを考えてみてください。スキーをするときは、寒ければ寒いほど楽しいでしょう。同じように、海水浴は暑ければ暑いほど楽しい。なんとか涼しくしようなどと思わず、暑さを暑さとして楽しむ。それが「なりきる」ということです。

自力と他力

自己のすべてを仏の世界に投げ込めば、仏のほうからの力が働き、それに随《したが》っていけば、こちらはなんの心労もなしに仏となることができる。「生死」の巻で道元が言っていることは、いわゆる「他力の思想」のように思われるかもしれません。

ここで、道元の思想と他力の教えとの違いについて考察しておきましょう。

自力と他力というときによく誤解されるのですが、自力というものを一〇〇%の自分の力（人間の力）によるものだとすれば、それは仏教ではないし、宗教ですらありません。仏教においては、自力も他力も、究極的には仏の助けによって救われます。

わたしは自力と他力を説明するときに、インドのヒンドゥー教[*6]の神学で使われている「猿の道」と「猫の道」の譬え話をします。まずは猿の道です。敵に襲われたとき、母猿は子猿を助けます。そのとき、子猿は母猿のお腹にパッとしがみつく。母猿は子猿をしがみつかせた状態で、敵から逃げていきます。これが自力です。子猿は母親に「しがみつく」ということを自力でやっています。

対して猫の道はどうか。猫の場合は、母猫が子猫の首根っこをくわえて運んでいきます。母猫がくわえてくれるので、子猫は母親にしがみつく必要はありません。これが他力です。

ポイントは、猿も猫もいずれも母親によって救われるということ。つまり、自力も他力も仏の力によって救われるのです。自分一人でがんばるか他人に頼るかではなく、仏の力によって救われるなかでの自力か他力かと考えてください。仏教というものは、まず最初に仏の力の働きかけがあって、その上に自分の力を加えていくか、あるいはまったくすべてを仏の力に委《ゆだ》ねるかのどちらかです。前者が自力で、後者が他力。道元禅は、そのなかで自分がやれることはやりなさいという自力の仏教です。

再び蜘蛛の糸の譬えを使って考えてみましょう。お釈迦さまが下ろしてくれた蜘蛛の糸を自分でつかみ、蜘蛛の糸になりきってのぼるというのが道元の教えです。これに対し、他力の仏教を説いた法然《ほうねん》*7や親鸞《しんらん》*8ならどうするかとわたしは考えました。親鸞は、きっと蜘蛛の糸をのぼらなかっただろうと思います。

「わたしはこのまま地獄にいます。そうすると、地獄にいるわたしをあわれんで、阿弥陀仏がわたしに救済の手を差し伸べてくださるでしょう。お釈迦さま、ありがとうございます。しかし、わたしは阿弥陀仏の救いを待つことにします」

親鸞はそう言うに違いありません。では法然はどうか。法然の場合は簡単です。下りてきた糸を自分の腰に結び、「巻き上げてください」の合図としてちょんちょんと糸を引っ張るでしょう。その合図が「南無阿弥陀仏」の念仏です。それで巻き上げてもらい、救われる。これが本願他力です。

鎌倉時代の仏教

武士の時代を迎え、仏教は貴族だけでなく武士、庶民にも信仰されるものになり、日本に深く根を下ろした。どの経典や解釈を重視するかによって宗派が分かれ、旧仏教の復興・改革が進み、新しい宗派も生まれた。ここでは、その新仏教の6宗を比較する。

系統	宗派	開祖・主著	特徴
浄土教系（他力本願）	**浄土宗**	**法然**(1133～1212)『選択本願念仏集』	ひたすら念仏（南無阿弥陀仏）を唱えれば極楽浄土に往生できるという専修念仏を説く
	浄土真宗	**親鸞**(1173～1262)『教行信証』	法然の教えを徹底し、煩悩の深い悪人こそが救われるとする悪人正機を説く
	時宗	**一遍**(1239～89)（『一遍上人語録』遊行52代一海が編集）	すべての人が念仏によって救われるという教えを踊念仏によって広める
法華経系（天台宗系）	**日蓮宗**（法華宗）	**日蓮**(1222～82)『立正安国論』	題目（南無妙法蓮華経）を唱えれば救われると説く。法華経こそ釈迦の教えとし、他宗を排撃して幕府の迫害を受ける
禅宗系	**臨済宗**	**栄西**(1141～1215)『興禅護国論』	坐禅をし、公案を解くなどの修行によって悟ると説く。幕府の保護を受ける
	曹洞宗	**道元**(1200～53)『正法眼蔵』	ひたすら坐禅をすること（只管打坐《しかんたざ》）を説き、修行そのものが悟りであると説いた

仏のみが仏を知る

少々脱線しましたね。『正法眼蔵』に戻りましょう。

道元は「生死」の巻で宋の二人の禅師の言葉を引用しました。同じように、「唯仏与《ゆいぶつよ》仏《ぶつ》」の巻においては過去の経典を題材に、迷いと悟りについての論を展開しています。「唯仏与仏」の巻は、

仏法は、人の知るべきにはあらず。

という、いささかドキッとする書き出しで始まります。「仏法」の「法」は真理といった意味です。仏教が教える真理は、わたしたち人間には知ることができない。それなら、わたしたちは何のために仏教を学ぶのかと思ってしまいます。

けれども、道元は別段、奇を衒《てら》ってこう言ったのではありません。道元自身がすぐに言及しているように、この言葉は『法華経《ほけきょう》』*9「方便品《ほうべんぼん》」にある、

唯仏与仏《ゆいぶつよぶつ》、乃能究尽《ないのうぐうじん》、諸法実相《しょほうじっそう》

《ただ仏と仏とのみ、すなわちよく諸法の実相を究尽す》

にもとづいているのです。「諸法実相」というのは、この宇宙に存在するあらゆるものの真実の相《すがた》です。したがって、仏法と同義です。だから『法華経』は、仏法――諸法の実相――はただ仏だけがそれを悟ることができ、また仏から仏にだけ伝えることができるものであると言っているのです。道元はこの巻で、その『法華経』の真意を解説しようとしています。

では、道元はその真意をどう捉えたのでしょうか。先に言ってしまえば、人間が悟りを求めるのではなしに（そんなことをすれば、悟りと人間が分断されて二つになってしまいます）、わたしたちが本来の相になりきればいいと道元は言っています。本来の相が仏なのですから、そのときわたしたちは仏になっているのです。仏であれば、仏を知ることができます。

逆にいえば、無理に悟ろうとせず、分からないなら分からないでいいのです。わたしたち凡人には仏の考えは分からない。分からないことが分からないと分かることが、分かることだと思ってください。悟りというものを多くの人が誤解しているのですが、分からないことが分からないと分かることが悟りなのです。分からないものを分かろうとする必要はちっともない。それさえ分かれば、わたしたちは迷ったっていいのです。しっかり迷えばよい。それが道元の言いたいことだと思います。

あるがままの姿を拝む

『法華経』がいうところの諸法実相とは、あらゆるものの真実の相だと述べましたが、これは簡単にいえば、あらゆるものはそのままで素晴らしいということです。優等生は優等生のままで素晴らしいし、劣等生は劣等生のままで素晴らしい。これが諸法実相です。

たとえば、わたしたちがコップ一杯の水を飲むとします。それはやがて尿となって体の外に出ていき、下水となって処理されて、海に流れます。海水は蒸発し、雲になる。雲は気温が高ければ雨となり、低ければ雪となって地上に降り、水になります。この循環しているものはそもそも何なのか、どこに行くのか、わたしたちには分かりません。わたしたちに分かるのは、いま目の前にある状態だけです。本当にこれが何ものかを知っておられるのは、仏だけだと道元は言います。唯仏与仏（ただ仏と仏）なのです。つまり、わたしたちには分からないのだから、いまあるものをしっかりと大事にすればよい。それが諸法実相だと解釈してほしいと思います。

道元は、いま目の前にあるものを大事にすることを、

はなにも月にも今ひとつの光色おもひ《い》かさねず、

という表現を使って説いています。花や月を見ても、そこに別の光や色を付け加えない、ということです。わたしたちは花を見て、もう少しピンク色が濃い方が美しいとか、月を見て雲がなければいいのに、などと思うことがあります。それは花にピンク色、月に光を付け加えているのです。それではあるがままを大事にしていることにはなりません。花も月も、春も秋も、その声を「かへ《え》りみるべし」（あるがままに聞くべきだ）と道元は言っています。

これはわたしたちの人間関係についても応用できることでしょう。わたしたちは誰しも、「あいつはイヤなやつだ」と思う人が何人かはいるものです。でも、そんなイヤなやつのことを好きな人もいるんですね。すると、その人にとってはその人物はいい人ということになる。では、その人物はいったいどういう人なのかと考えると、分からないわけです。ですから、そんなことは考えずに、いま目の前にあるその人をしっかり拝みなさい。それが諸法実相ということです。

わたしはいま、「拝む」という言葉を使いました。この言葉を使う意味を説明するのは難しいのですが、こんなエピソードがあります。

大正時代に北野元峰[*10]という禅師がいて、その方が刑務所での講演を頼まれたそうです。そこで禅師は刑務所に行き、「あなた方はこういうところに来られる人ではないのだ。でも、因縁が悪うござんしたな。因縁のせいでこういうところに来られる羽目になった。あなた方は因縁が悪うござんした」と言って、一生懸命囚人を拝んだというのです。すると囚人たちはボロボロと涙をこぼして感激したという話が伝わっています。

拝むとは、世俗の言葉でいうと〝大切にする〟とか〝尊重する〟といったことなのですが、そうすると、何かと浮き世の価値観に引きずられてしまいます。ですからわたしは、〝拝む〟という言葉をあえて使いたいのです。あれよりこれが貴いと思う、それと比べてこれが大切だと思うのではなく、あるものはあるものとして拝んでほしい。それが仏の見方であり、「唯仏与仏」の巻の説くところだと思います。

仏に向かって歩もうとする心を起こす

では、わたしたちはどうすればあるものをあるものとして拝めるようになるのか。言い換えれば、わたしたちはどうすれば仏になることができるのでしょうか。

道元はここでおもしろいことを言っています。

むかしより自《おのずから》いへ《え》ることあり、いはゆる《わ》、うを《お》にあらざればうを《お》のこころをしらず、とりにあらざれば鳥のあとをたづ《ず》ねがたし。

魚でなければ魚の心も、その泳いだ跡も分からない、鳥でなければ鳥の飛んだ跡は分からない、というのです。

わたしは最初にここを読んだとき、何か比喩的な表現としか思っていなかったのですが、よく考えてみると、なるほど、魚の通った道というのはたしかにあるのですね。たとえば、鮭が生まれた川に戻る母川回帰。あれは、鮭が自分や仲間が通った道を知っているということです。鳥も、渡り鳥は毎年同じ時期になると同じ場所に帰ってくる。やはり、鳥が飛んだ跡というものがあり、鳥はそれを知っているのですね。

そして道元は続けます。

このことわりは、仏にもあり。仏のいくよゝにおこなひ《い》すぎにけるよとおもは《わ》れ、ちひ《い》さき仏、おほ《お》きなる仏、かずにもれぬるかずながらしるなり。

この道理は仏にもある。仏が幾世にもわたって修行されたと思われることは、小さな仏も、大きな仏も、その数えきれぬ期間を数え落とすことなく知っておられるのだ。つまり、仏になれば仏の歩んだ跡が分かるということです。

逆にいえば、仏にならないうちは、仏の歩んだ道は見えません。では、凡夫であるわたしたちはどうすればよいのか。

これは道元が直接言っていることではありませんが、わたしの考えはこうです。わたしたち人間は仏の世界では赤ん坊にすぎません。でも、ごく自然にふるまっていれば、人間は成長していきます。ですから、わたしたちは仏に向かって歩もうという心さえ起こせば、必ず仏の跡が少しずつ見えてくるのだろうと思います。迷いながらでも、少しずつ方向が分かってくるのではないでしょうか。

最初にすべての跡を知ってから歩めというのではおかしいのです。「現成公案」の巻に道元はこう書いています。

うを《お》水をゆくに、ゆけども水のきは《わ》なく、鳥そらをとぶに、とぶといへ《え》どもそらのきは《わ》なし。しかあれども、うを《お》とり、いまだむかしよりみづ《ず》そらをはなれず。只

用大《ようだい》のときは使大《しだい》なり。要小《ようしょう》のときは使小《ししょう》なり。

魚は水を泳ぐが、いくら泳いでも水の果てはなく、鳥は空を飛ぶが、いくら飛んでも空の果てはない。そして、魚も鳥も、いまだ昔より水や空を離れたことはない。水や空は、大きな分量が必要なときは大きな分量が使われる。小さな分量が必要なときは小さな分量が使われる——といったような意味です。

わたしたちは、水の世界、空の世界、あるいは悟りの世界をすべて学びきってから歩もうとしてはだめなのです。自分の必要な分だけ悟っていればいいのです。そして一歩一歩歩んでいけば、自然にまた次の道が見えてくるようになるのだと思います。一度悟ってしまえば迷わないのではありません。迷いながら歩んでいくのです。

悟ろうとせず、しっかり迷え

ここまで見てきたように、迷いと悟りはコインの裏表のようなものです。実は一体なのです。ですからわたしたちは、悟りを求めてあくせくせず、迷ったときにはしっかり迷えばよいのです。

「唯仏与仏」の巻で、道元はこうも言っています。

悟りよりさきにちからとせず、はるかに越えて来《きた》れるゆゑ《え》に、悟りとは、ひとすぢ《じ》にさとりのちからにのみたすけらる。

悟る以前は何物をも力とせず、悟りのほうが遥かに越えて自分にやって来るものであるがゆえに、悟りとは、一筋に悟りの力だけに助けられるものなのだ。

これはどういうことかというと、わたしたちは「悟ろう、悟ろう」として、たとえば坐禅をしないといけない、仏典を読まないといけない、などと思います。しかしそれは、悟る以前の力なのです。悟りとは、悟りのほうから遥かに越えて自分にやってくる。つまり、わたしたちがどうしたら悟れるかと一生懸命努力しようとする、その努力と悟りとは関係がないと道元は教えてくれています。悟りはある日突然やってくるのです。

ですから、いま迷っているのであれば、その迷いを一生懸命迷えばよいのです。「もっと迷う」ではだめですね。それでは胃潰瘍《いかいよう》になってしまいます。そうではなく、「しっかり迷う」のです。「そのまま迷う」でいいのです。そう思って迷えばいいと思います。

＊1　名刹

名高く由緒のある寺。

＊2　深山幽谷

人があまり行かない、奥深い山や谷。

＊3　戒学・定学・慧学の三学

仏道修行にあたっての基本的な修行項目。戒学は身を正しく保つこと、定学は心を静めて精神を統一すること、慧学は道理をありのままに悟ること。

＊4　『弁道話』

「修証一等」という道元禅の本質を開陳した書。はじめ道元によって独立の書として著されたが、後世になって『正法眼蔵』（九十五巻本）に組み入れられた。

＊5　達磨大師

インドの仏教僧。菩提達磨。六世紀ごろの人で、南インドの王子として生まれ、中国に渡って禅宗を伝え、少林寺で九年間、面壁（壁に向かっての坐禅）をしたとされる。

＊6　ヒンドゥー教

古代インドに進入したアーリヤ人により成立したバラモン教と、インド土着の信仰や習俗とが融合した民族宗教のこと。狭義の宗教というよりも、社会制度・文化の全般にわたる土台のようなものに近い。

＊7　法然

一一三三〜一二一二。平安末〜鎌倉前期の僧。浄土宗の開祖。比叡山に学んだのち、源信や唐の善導の論に導かれて専修念仏に至り、「南無阿弥陀仏」を唱えれば、誰もが平等に極楽往生できると説いた。「建永法難」で親鸞らとともに流罪となった。

＊8　親鸞

一一七三～一二六二。鎌倉前期の僧。浄土真宗の開祖。比叡山で学んだのち法然に師事。法然の思想をさらに徹底させ、阿弥陀仏への絶対的信心による極楽往生を説き、悪人正機を唱えた。著書に『教行信証』『愚禿鈔』など。弟子の唯円による法語集に『歎異抄』がある。

＊9　『法華経』

正式には『妙法蓮華経』。大乗仏教の代表的な経典であり、天台宗、日蓮宗のよりどころとなる経典。原典はサンスクリット語。漢訳では、現存する三種のうち鳩摩羅《くまら》什《じゅう》訳の『妙法蓮華経』八巻が最も広く流布している。

＊10　北野元峰

一八四二～一九三三。江戸末～昭和初期の曹洞宗の僧。七十九歳で永平寺六十七世となり、八十九歳のとき永平寺二祖孤雲懐奘禅師六百五十回大遠忌を執り行う。法話をまとめた『北野元峰禅師説法集』などが残っている。

第3章——全宇宙が仏性である

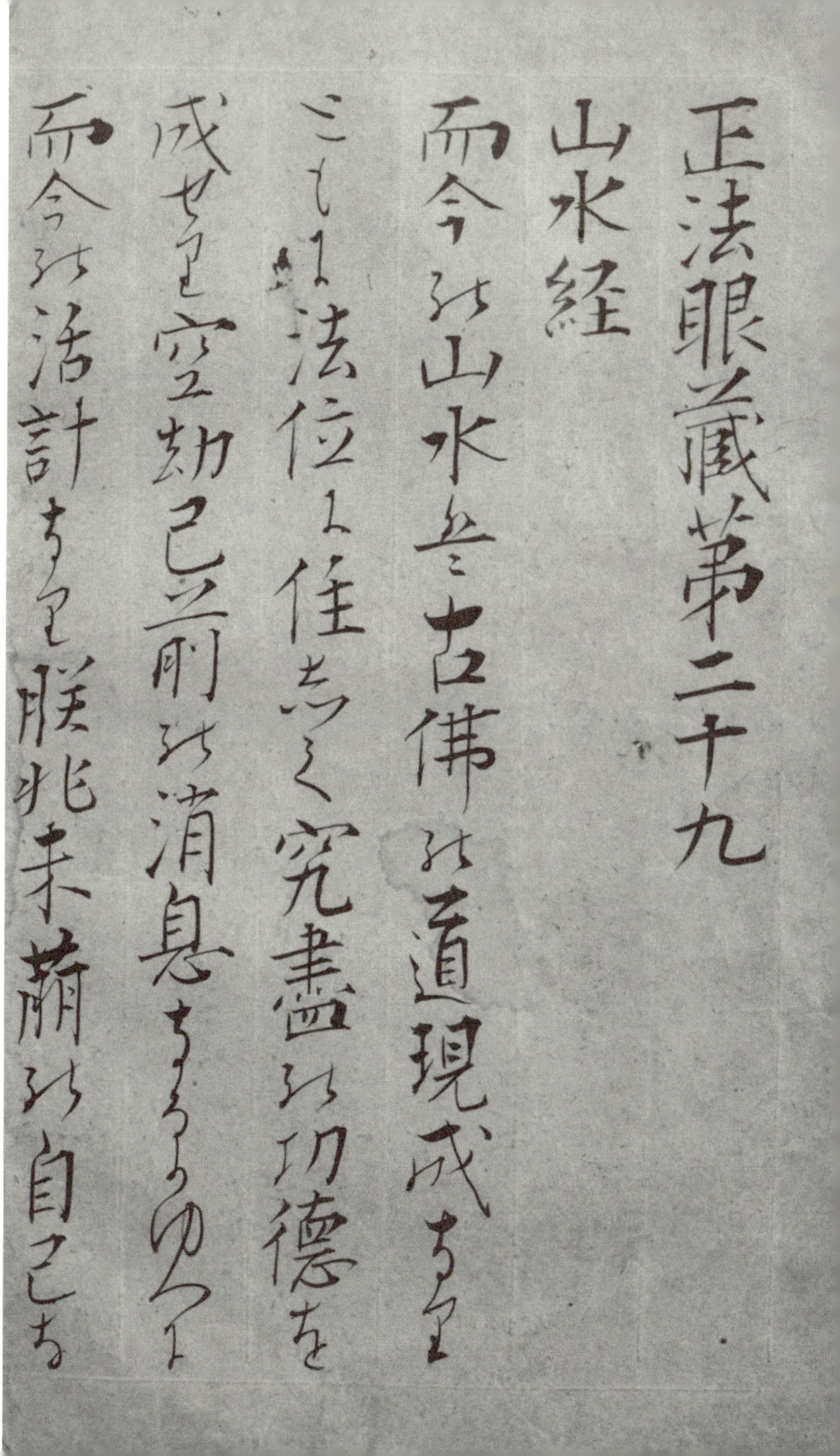
正法眼蔵第二十九
山水経
而今の山水は古佛の道現成なり
ともに法位に住して究盡の功徳を
成せり空劫已前の消息なるがゆゑに
而今の活計なり朕兆未萌の自己な

道元の北越入山

　道元の生涯について、彼が三十四歳で京都・深草に興聖寺をつくったところまでお話ししました。興聖寺で十年を過ごしたのち、四十四歳で北越に入り、永平寺を建立しています。なぜ、彼は京都から永平寺に移ったのか？　そこで何を目指したのでしょうか？　本章ではそこからお話しすることにしましょう。

　深草に開いた興聖寺には、道元が宋から持ち帰った禅に興味を示す大勢の人が集まるようになっていました。しかし、興聖寺建立から十年後の寛元元年（一二四三）、道元はその興聖寺を弟子の詮慧《せんね》（一説では義準《ぎじゅん》）に譲り、自分は北陸、越前（福井県）の志比庄《いのしょう》に引き移りました。歴史家たちは、これを「北越入山」と呼んでいます。

　なぜ道元は北越入山したのでしょうか？　大きな謎です。研究者たちはその理由をあれこれ推測していますが、正確なところは分かりません。

　一つには、比叡山側からの圧迫が考えられます。じつは道元は、この頃、朝廷に『護《ご》国正法義《こくしょうぼうぎ》』なる一書を奉呈しています。この書は現存していないのですが、その内容は、禅によって国を護りたいと主張したもので、栄西の[*1]『興禅護国論《こうぜんごこくろん》』に対比されるもののようです。だとすると、それが比叡山側の反発を買ったであろうことは、容易に想像がつきます。

実際に道元は天台宗から弾圧を受けました。比叡山の衆徒《しゅと》がいきなり興聖寺に押しかけ、法堂と僧堂の一部を破壊したのです。修行僧たちに危害を加えることはなかったのですが、これが道元に深草の地を去る決意をさせる一因になったことは間違いないでしょう。

でも、それだけではないとも思えます。天台宗から弾圧を受けたのであれば、たとえば天台宗に頭を下げ、興聖寺の規模を縮小してそこにとどまることも不可能ではなかったはずです。北越に移ったのには、もっと内面的な理由が考えられます。

道元は民衆の救済について考えていました。どうしたら苦しみ悩む衆生を救うことができるか？　その衆生の救いのために、彼は禅を学び、日本に弘めようとした。弘めるためにはどうすべきか？　そこで彼は、『護国正法義』を書いて朝廷に提出しました。「どうか禅を採用してください。そうすれば、この国の民衆は救われます」と、朝廷に進言したのです。

ですが、そのために比叡山から圧迫を受けます。天台宗は護国（鎮護国家）のための宗派ですから、国を護《まも》る宗派はほかに必要ありません。

その弾圧を受けて、道元は目が覚めたのでしょう。そして思い出したのです。中国を去るとき、師の如浄が彼に忠告したことを。

「大都会に住むな！　国王大臣に近づくな！　深山幽谷に居して、一箇半箇を教育し、わが禅宗を断絶させるな！」

ちょうどその頃、宋から如浄の語録が送り届けられました。これも、師の言葉を思い出すきっかけになったに違いありません。

彼は、自分が国王大臣に近づいていたことを反省し、深山幽谷である北越の地に移ることを考えたのではないか。わたしはそう思います。

正伝の仏法を守る

同時に、道元には「いま日本の仏教は堕落《だらく》している」という思いが強くあったと思います。末法思想が支配的だった当時の日本では、汚れた現世ではなく阿弥陀仏の浄土に救いを求める浄土教が弘まっていました。また禅の系統においては、臨済宗《りんざいしゅう》の円爾《えんに》*2が登場していました。円爾は道元より二歳年下ですが、彼もまた宋に渡って臨済宗の禅を学び、帰朝して大活躍した僧です。ところが、円爾の唱道する禅は、禅密兼修《ぜんみつけんしゅう》といって、禅に密教の加持《かじ》・祈禱《きとう》をとりいれたものです。それが朝廷や貴族にもてはやされ、また民衆の支持を得たのです。

道元は、「これではまずい」という危機感を抱きます。

道元の禅は、曹洞宗ですが、それは師の如浄が曹洞宗の人だからであって、道元の意識のなかでは曹洞宗／臨済宗の区別はありません。いや、道元は禅宗という呼び方さえきらいます。彼が唱道するのは、

――正伝の仏法・純一の仏法・全一の仏法――

です。釈迦から正しく伝えられた仏教・純粋なる仏教・全体としての仏教を自分は守り、後世に伝えていくのだ、といった自負を彼は持っています。ですから、釈迦の教えが廃れるとされる末法思想にも反対ですし、権力と結びついて現世利益に傾くやり方にも反対です。

このように、政治権力や民衆に迎合しては釈迦正伝の仏教が歪《ゆが》められてしまう。道元はそのように考えたに違いありません。

こうした思いが積み重なって、道元は「深山幽谷」である北越に移った。わたしは、道元の心中をそのように忖度《そんたく》しています。

プロの仏教者を養成する

道元が移った地は、越前の志比庄です。入山の当初は草庵の仮住いでした。しかし入山の翌年、ここに本格的な道場を建てて、「大仏寺」と命名します。大仏寺が「永平寺」に改名されたのは、建立の翌々年、寛元四年（一二四六）でした。

永平寺において道元が行ったこと。それはまさに、「一箇半箇《いっこはんこ》の接得《せっとく》」です。すなわち、道元はここで、釈迦正伝の仏教を嗣ぐ本物の仏教者の養成に専念したのです。

それゆえ、彼の思想はこの段階で尖鋭《せんえい》化します。たとえば、それまでの道元は在家人の修行や得道《とくどう》について肯定的でした。しかし北越入山後は、「最低の出家者であってもトップレベルの在家人より上だ」といったことを言うようになります。こうしたことから、道元はここで出家至上主義に転じたという人が多いのですが、わたしはこれを、出家至上主義ではなく「修行中心主義」と名づけたいと思います。宗教運動が在家信者までも巻き込むかたちの大衆路線をとるならば、大衆がついて来られるように主義主張が歪められる可能性があります。道元としてはそれを何としても避けたかった。だからこそ、出家して修行を行い、仏道に専念する者、「正伝の仏法」「純一の仏法」を後世に伝えられる「本物のプロの養成」に取りかかったのだと思います。

道元 略年譜

西暦	元号	年齢（※数え年）	
1200	正治2	1	京都で貴族の家に生まれる
1202	建仁2	3	父を亡くす 栄西が建仁寺を開く
1207	承元元	8	母を亡くす 専修念仏が禁じられ、法然、親鸞は流罪となる
1212	建暦2	13	叔父を頼って比叡山に上る
1213	建保元	14	天台座主公円により剃髪・得度する。仏法房道元と名乗る
1215	建保3	16	この頃、修行に疑問を抱き、三井寺（園城寺）の公胤を訪ね、入宋を勧められる
1217	建保5	18	建仁寺で明全《みょうぜん》に師事
1221	承久3	22	承久の乱
1223	貞応2	24	明全らと入宋。港で老典座《ろうてんぞ》に出会う。諸山を歴遊する
1225	嘉禄元	26	天童山で曹洞宗の如浄《にょじょう》に会い、正師と定める。明全、天童山で示寂
1227	安貞元	28	帰国。『普勧坐禅儀』著す
1231	寛喜3	32	『**弁道話**《べんどうわ》』著す（『**正法眼蔵**《しょうぼうげんぞう》』の執筆を始める）
1233	天福元	34	山城深草に観音導利興聖宝林寺（興聖寺）を開く。「**現成公案**《げんじょうこうあん》」著す
1234	文暦元	35	懐奘《えじょう》が門下に入る
1237	嘉禎3	38	『典座教訓』著す
1243	寛元元	44	比叡山の圧迫から逃れ、越前志比庄《しいのしょう》に移る
1244	寛元2	45	越前志比庄に大仏寺を開く
1246	寛元4	47	大仏寺を永平寺と改める
1247	宝治元	48	鎌倉へ行き、北条時頼に説法をする。半年後、永平寺に帰山
1253	建長5	54	「**八大人覚**《はちだいにんがく》」著す。療養先の京都で示寂

道元の、禅を多くの人に弘めたいという思いは変わっていないと思います。ただ、アマチュアがやる草野球と同じで、みんなで楽しく野球をやるうちに、だんだんと、一度アウトになったバッターがもう一度打席に立ったりとか、ルールがいい加減になっていく。それに対し、それではいけないというのが道元の立場です。みんなに正しい野球を教えられるプロの指導者が必要だ。そう考えたわけです。

ですが、その道元にして、一度だけ山を下りて鎌倉に行っています。北条時頼《ときより》*3の招きに応じたのです。宝治《ほうじ》元年（一二四七）のことでした。

これは道元の弱さでしょう。「国王大臣に近づくな」といった師の如浄の言葉を思い出して北越入山した彼が、政治家に招かれて出かけていった。ひょっとしたら、政治家が正伝の仏教を理解し、応援してくれるかもしれない、といった期待があっての行動だったのではないでしょうか。このとき道元には、自分が説く正伝の仏教を唯一の仏教として認めてほしいという意気込みがあったとわたしは想像しています。しかし幕府の側では、道元の禅を臨済宗などいろいろな禅の宗派があるなかの一つ（ワン・オブ・ゼム）として認めようという姿勢でした。これは道元の読みの甘さでもあります。彼は失望し、翌年に永平寺に帰山しました。

四十四歳で北越入山した道元は、十年後の建長《けんちょう》五年（一二五三）、体調を崩します。

北越の厳しい風土が彼の健康を害したのかもしれません。その年の八月、道元は生まれ故郷の京都に向かいました。そして永平寺に戻ることなく、同月二十八日、京都で示寂します。五十四歳でした。

「仏性」とは何か

さて、これまで『正法眼蔵』を読んできたなかに「仏性《ぶっしょう》」という言葉が何度か登場しました。「仏性」とは、仏の性質、仏になる可能性、といった意味です。では、仏の性質、仏になる可能性とは、いったいどのようなものなのでしょうか。この「仏の性質」について省察したのが、「仏性」の巻です。道元はここで、たぐいまれな日本語力と哲学的洞察力を発揮し、非常にユニークな論を展開しています。今回はこの巻を中心に、「仏性」について読み解いていきたいと思います。

大乗経典の『涅槃経《ねはんぎょう》』＊4「獅子吼菩薩品《ししくぼさっぽん》」には、

一切衆生《いっさいしゅじょう》、悉有仏性《しつうぶっしょう》

とあります。いっさいの衆生がことごとく仏性を有している、というのです。〝衆生〟

とは、人間だけではなしにあらゆる生き物のことです。〝仏性〟は仏となる可能性ですから、生きとし生けるものすべてに仏となる可能性を認めようというのが『涅槃経』の主張であり、これは大乗仏教の基本テーゼです。*5

道元は「仏性」の巻において、その『涅槃経』の主張を検証します。

この巻は仁治《にんじ》二年（一二四一）に興聖寺にあって衆に示されたもので、そのとき道元は四十二歳でした。脂の乗りきった時代のもので、『正法眼蔵』のなかでもかなり長大なものです。

では、道元は「一切衆生、悉有仏性」をどう読んだのでしょうか。

まず、天台宗の伝統的な解釈はさきほどのとおりで、一切の衆生がことごとく仏性を有している、と読み下し文のままに解釈します。しかし道元は、そのような解釈はおかしいと考えました。「有している」ということは、「有していない」という状態もありうることになります。さらに、それを「失ってしまう」ことも考えられます。だから、そのような解釈はよくないのです。

そこで道元は、大胆な読み方を提示しました。「一切衆生、悉有仏性」を、

――一切は衆生なり・悉有が仏性なり――

と読んだのです。こんな読み方は、漢文では許されません。〝一切〟というのは形容詞であり、〝悉有〟というのは〝悉《ことごと》く有る〟という副詞＋動詞です。それらを名詞と捉えて主語にしてしまうのですから、無茶苦茶です。実際、道元は漢文も読めないのかと酷評する文献学者もいました。

しかし、哲学者・道元は、仏性というものが「有る・無い」といった相対概念でもって平板的に受け取られることを惧《おそ》れたのです。仏性とはそんなものであるはずがない！　すると、〝悉有〟は副詞＋動詞ではないことになります。「悉有」は名詞であって、

――全存在・全世界・全宇宙・宇宙そのもの――

を意味します。そしてその全存在・全宇宙が仏性なのだ、と結論したのです。

一切は衆生なり・悉有が仏性なり

この道元の読み方を詳しく見ていきましょう。

まずは、「一切は衆生なり」です。衆生とは何かというと、さきほども述べたとおり、

これは命あるものという意味です。ところが、道元はこのすぐあとで、「悉有が仏性なり」、つまり全存在が仏性なのだと読んでいます。そうすると、衆生は生き物だけではすまないわけです。全存在なのですから、山も川も、草も木も含まれる。だから一切「の」衆生では困るのです。一切「は」衆生なのです。

じつは、この「一切は衆生なり」という解釈について、道元は「仏性」の巻ではあまり詳しく触れていません。「衆生」に無生物も含まれるという考えについては、「山水経《さんすいきょう》」や「無情説法《むじょうせっぽう》＊6」の巻でより詳しく考察されています。「山水経」についてはのちほど見てみることにしましょう。

次に「悉有が仏性なり」です。すべての存在、全世界は仏性なのだ。これは漢文的にはまったく非常識な読み方なのですが、じつは、もとのサンスクリット語で考えると、案外当たっている読みなのです。

サンスクリット語で仏性は〝ブッダ・ダーツ〟といいます。〝ダーツ〟は「性」と訳されますが、本来的には「世界」を意味します。つまり、〝ブッダ・ダーツ〟とは「仏の世界」ということです。一方道元は、「悉有仏性」を「すべての存在は仏性である＝仏の世界」「世界のなかにいる」と解釈しました。すべての存在はそのなかで迷い、悟り、生まれ、死んでいく。このように考えたわけです。道元はサンスクリット語はできなかったはずなのですが、結果的に原語の意味を非常によく捉えています。彼は天才だったと思います。

種も芽も花も仏性

道元が提示した読み方は、いままでにまったくない考え方でした。『涅槃経』以外のお経を読んでみても、仏性についての伝統的な解釈では、わたしたちはそれぞれブッダの性質を持っていて、それがいずれ花咲いていく。あるいは、ブッダは土の中に埋まっている金塊のようなもので、それを掘り起こさなければいけない。そのような理論で仏性というものが説明されています。

それに対して道元は、そんなばかなことがあるかというわけです。咲いていようがいまいが、すべてが仏性なのです。

道元は言います。

ある一類おもは《わ》く、仏性は草木《そうもく》の種子《しゅうじ》のごとし。法雨《ほうう》のうるひ《い》しきりにうるほ《お》すとき、芽茎《げきょう》生長《しょうちょう》し、枝葉花菓《しようけか》もすことあり。果実さらに種子《しゅうじ》をはらめり。かくのごとく見解《けんげ》する、凡夫《ぼんぶ》の情量なり。

一部の人々は、仏性は草木の種子のようなものだ、と思っているようだ。仏法の雨によって潤《うるお》されるとき、種子から芽《め》が出て茎《くき》が伸び、枝葉が茂り花が咲き果実が実る。その果実からさらに種子が出来る。このように考えるのは凡夫の浅知恵だ。

これはつまり、伝統的な仏性の理解に対する批判です。道元は、「たとえこのように考えたとしても、種子と花と果実の、その一つ一つが絶対の真実だと考え究めるべきだ」と言います。つまり、種は種でいいではないかということです。種から芽が出て花が咲く。その花こそが仏性だ。そんな解釈はおかしい。種も芽も仏性だ。これは言い換えれば、迷いは迷いで仏性だということです。要するに、すべてが仏性だと言っているわけです。

また道元は、蚯蚓《きゆういん》（みみず）が切れて二つの頭になった、いったいどちらの頭に仏性があるのか、といったおもしろい禅問答も取り上げて検討しています

竺《じく》という名の尚書《しようしよ》（長官）が師に対してこう問うたとき、師は一言、「莫妄想《まくもうぞう》（妄想することと莫《なか》れ）」と言いました。余計なことは考えるな、ということです。これは道元にとっても、まったくばかげた問答です。そもそも個々の衆生が仏性を持っていると考えるから、一匹のみみずが切れて二匹になれば、仏性はどちらの側にあるのかといった

ような疑問が出てくるのです。仏性はそういうものではありません。悉有（全存在）が仏性なのです。その仏性のなかでみみずは生き、呼吸し、死んでいくのです。だから「莫妄想」なのです。ばかなことを考えるな！　わたしたちは、悉有が仏性だと分かればいい。それが道元の言いたかったことなのです。

オタマジャクシは蛙《かえる》の子です。しかし、オタマジャクシだって蛙なんです。オタマジャクシはよくない。蛙にならないといけない。そんな考え方はおかしいのです。そんな考え方だと、人間の赤ん坊はよくない。おとなだけが価値があるとなってしまいますよね。道元はそれはおかしいと考えたのです。

「無」も仏性である

すべてが仏性なのであれば、「無」、つまり「ない」ということも仏性である、という考えが成り立ちます。道元はここでも過去の禅問答を検討しながら、この「無仏性」ということについて分析しています。

取り上げているのは、中国禅宗の五祖とその弟子の問答です。五祖は新参の弟子（慧《え》能《のう》*7の名で知られています。彼はのちに六祖になります）に出身地を尋ね、弟子は「嶺南《れいなん》人*8です」と答えます。するとすかさず、「嶺南人は無仏性だから、仏になれない」

と言いました。

　この五祖の言葉に弟子は、

「そりゃ、人間の出身地には南北があるでしょうが、仏性に南北があるわけではありません」

と応じました。たしかにこれはこれですばらしいレスポンス（応答）です。でも、それはあくまで「すべての人に仏性がある」といった前提に立っているので、その前提が否定されてしまえば、嶺南出身の彼はいくら修行しても仏になれないことになります。そこで道元は、前提になっている「一切衆生、悉有仏性」そのものを再解釈します。

　そうすると、嶺南人は無仏性だというその〝無仏性〟を、嶺南人には仏性がないと読むのがまちがいなのです。そうではなく、おまえはいま「無の仏性」の状態にある。この〝無〟は活性化されていない状態と解することができそうです。おまえは仏になろうとあがいているが、活性化されていない状態とはいえ、ともかく仏性のなかで呼吸しているのだぞ。だから、なにもあがく必要はない。いずれ活性化されたとき、おまえは悟りに至るのだ。五祖は弟子にそう教えた――と道元は解釈しているのです。

「無の仏性」は少し分かりにくいかもしれませんが、これは無線電信に譬えられるでしょう。無線とは電線がないことですが、でも電信は通じます。これは、無線と呼ばれる「電線でない線」がある、というふうにも言えるのではないでしょうか。あるいは、親が子どもを厳しく叱るとき、周りで見ている者は「なんと無慈悲な」と思ってしまいます。でも、そうした無慈悲もじつは大きな慈悲かもしれないわけです。「無の仏性」と同じく、「無という慈悲」、一見すると慈悲ではないと思われるような慈悲なのです。

時節因縁

「無の仏性」に関連して、さらに、「時節がまだ至っていない」という言葉について道元が考察した箇所も紹介したいと思います。

道元は、「時節若至《じせつにやくし》（時節もし至れば）」といった言葉を、「古今の人はたいてい、仏性が現前する時節がいつか将来にあり、それをじっと待つことだと思っているようだ」と言います。しかし道元はそれに反対し、こう述べます。

いはゆ《わ》る仏性をしらんとおもはば《わ》、しるべし、時節因縁これなり。「時節若至」といふは《う》、「すでに時節いたれり、なにの疑著《ぎちゃ》すべきところかあらん」となり。（中略）時節若至すれば、仏性不至《ふし》なり。

仏性を知りたいのであれば、時節因縁（そのときそのときのあり方）が仏性だと知らねばならない。「時節若至」というのは、「すでに時節は至っているのだ、何を疑う必要があろうか」ということである。時節若至を時節がまだ至っていないと読むのであれば、そのときの仏性は「不至」というかたちでの仏性である。つまり、至っていないということも仏性なのだ。

そのときそのときのあり方が仏性だというのは、なかなかおもしろい言葉です。お気づきになった方もいるかもしれませんが、これは第1章で読んだ「現成公案」の薪と灰の話に通じる見方です。「しるべし、薪は薪の法位に住して、さきありのちあり」、つまり、薪は薪としてのあり方において、先がありのちがある、と道元は書いていました。この「法位（存在のあるがままの姿）において」ということと「時節因縁」はまったく同じ言葉だと思ってください。あなたが病気のときは、病気という法位において病んでいるのです。病気が治って健康になるのではない。病気のときは病気という仏性がそこにあるのです。仏性がないのではありません。だからわたしたちは、病気をしっかり苦しめばよいのです。

「有時」の巻に見る道元の時間論

「時節因縁」は、道元が時間というものをどう捉えているかという議論につながっていきます。「仏性」の巻において道元は、「悉有」をすべての存在、全世界だと捉えました。この「有」ということについてさらに考察を進めているのが、「有時《うじ》」（〝有時〟には〝ゆうじ〟〝うじ〟の二通りの読みがありますが、わたしは〝うじ〟と読んでいます）の巻です。ここで道元は、『存在と時間』で知られるドイツの哲学者ハイデガー[*9]をも超える哲学的な時間論を展開しています。十三世紀の日本語でここまで考えていたとは、本当に驚くべきことです。この巻は内容的に「仏性」の巻を補完するものでもありますので、ここで紹介しておくことにしましょう。

〝有時〟は、訓読すれば〝あるとき〟です。そして、その〝あるとき〟には二つの表記があります。

Ａ　或る時

Ｂ　有る時

わたしたちはたいてい、Aの表記にしたがって「あるとき」を考えています。「或る時、わたしは大病をしました」「或る時、わたしは会社の社長でした」「或る時、わたしは貧乏でした」……と。しかし、この「或る時」は過去の話です。すなわち、すでに過ぎ去った出来事として時間（或る時）を考えているのです。

だが、時間というものは、そういうものではないぞ！　というのが道元の主張です。そういう「或る時」に対して、道元は「有る時」を言います。いま現在、そこに有る（存在する）時間です。

いは《わ》ゆる有時は、時すでにこれ有なり、有はみな時なり。

〝有る時〟というのは、「時（現在）」が「有（存在）」であり、「有（存在）」が「時（現在）」である。

道元は、時間というものは「現在」という意味なのだと言っているのです。わたしたちはたいてい、時間というものは、「過去→現在→未来」へと流れていくものだと考えています。しかし道元は、そうではない、「現在・現在・現在・現在……」なのだと言っているのです。この考え方では、「現在$_1$」には「自己$_1$」が、「現在$_2$」には「自己$_2$」が、「現在$_3$」

には「自己」[3]が対応します。過去について思い悩むのは、たとえば、「自己」[1]を「現在」[2]と対応させようとするようなもので、それは仏法を知らない凡夫の考え方だ、ということです。これはまさに時節因縁です。そのときそのときのあり方ということです。あるいは、「法位によりて」の法位ということです。つまり、ことごとくすべての存在が、「いま現在」なのです。

　病気のときには病気という現在がある。苦しみのときには苦しみという現在がある。苦しみから逃れようとするのは、これを過去のものにしたいと思うことです。そうではなく、苦しみも仏性なのだから、その仏性をしっかり生きよ。道元はここでもそう言っているのです。

生も仏性、死も仏性

　すべての存在が「いま現在」であり「仏性」であると道元は言いました。では彼は、仏性と死の関係についてはどう考えていたのでしょうか。

　道元は言います。「仏性は生きているあいだだけあって、死ねばなくなると思うのは、まったく認識不足である」。生きているという状態も仏性であり、死んでいるという状態も仏性です。「生《しょう》のときも有仏性なり、無仏性なり。死のときも有仏性なり、無仏性なり」。そしてこう述べます。

仏性は動不動《どうふどう》によりて在不在《ざいふざい》し、識不識《しきふしき》によりて神不神《じんふじん》なり、知不知《ちふち》に性不性《しょうふしょう》なるべきと邪執《じゃしゅう》せるは、外道《げどう》なり。

要するに、人間が認識できるか否かによって仏性が仏性であったりなかったりするといった考えに固執するのは、外道のすることだ、というのです。認識主体がいる／いないにかかわらず、あるいは認識主体が人間である／なしにかかわらず、仏性は仏性であり続けるのです。

「悉有仏性」の解釈のとおり、道元によれば、悉有（全宇宙）が仏性なのです。仏性イコール大宇宙。だとすれば、わたしたちは仏性のなかで生まれ、老い、死んでいくのです。ですから、生も仏性、死も仏性です。仏性とはそういうものなのです。

わたしは、いま高齢者の方々がさかんに行っている「終活」について、そんなものはおやめなさいという本を書きました。仏教の立場からいえば、あなたはまだ生きているのだから、そんなことを考える必要はないのです。生きているときはしっかり生きて、死ぬときにしっかり死ねばいいのです。それが、道元の言う「有時」ということです。

わたしたちには、いまここしかないのです。過去でも未来でもなく、その瞬間、瞬間に存在しているわけです。それを、わたしたちはつい、映画のフィルムを回したときのように連続して動いているものとして見てしまう。そうではなく、フィルムのひとコマ、ひとコマを見ればよいのです。

これは、道元だけでなく釈迦も言っていることです。

過去を追うな。
未来を願うな。
過去はすでに捨てられた。
未来はまだやって来ない。
だから現在のことがらを、
現在においてよく観察し、
揺ぐことなく動ずることなく、
よく見きわめて実践すべし。
ただ今日なすべきことを熱心になせ。
誰か明日の死のあることを知らん。

（『マッジマ・ニカーヤ』[*10] 一三一）

道元はいわばそこに帰っているわけです。

わたしは講演でこの言葉を紹介し、「もっと分かりやすく言えば、反省するな、希望を持つな、ということです」と言っています。よくプロ野球の選手がエラーをしたあとに反省すると言うけれど、エラーしたのと同じゴロは二度と転がってきません。いくら反省したって次は必ず違う球がくるのだから、反省なんかしなくていいのです。同じように、希望も「こうあってほしい」という欲望の一形態ですから、よけいなことでもあるわけです。そんなばかなことは考えるな。まさに「莫妄想」です。やはり、いまを生きることが大切なのです。

自然そのものが説法である

ここまで、道元が説く「悉有が仏性なり」の解釈を、「仏性」と「有時」の巻をとおして見てきました。紙幅《しふく》の都合であまり詳しくは触れられませんが、最後に、「一切は衆生なり」について道元が省察した「山水経」の内容も簡単に紹介しておきたいと思います。

「山水経」の巻は、

而今《にこん》の山水は、古仏の道現成《どうげんじょう》なり。

で始まります。ここに、この巻で道元が言いたいことが要約して示されています。「道」とは、「言う」あるいは「道理を言う」という意味の動詞です。したがって、「而今の山水」、すなわちいまわれわれの目の前にある山水は、「古仏の道現成なり」、これまでこの世に出現された諸仏の説法にほかならない――と道元は言っているのです。諸仏は、われわれの前に山水といった形態をとって出現され、そしてわれわれに説法しておられる、というのです。

ここに、「仏性」の巻で説かれた「一切衆生」の解釈があります。「一切の衆生」と読んでしまったら、衆生は生き物だけになってしまいます。しかし道元は、これを「一切は衆生」と読みました。人も、山も、水も、すべて衆生なのだということです。その衆生が、いま現在のあり方、あるいは法位において――たとえば山というあり方において――説法をしているのだ、と言っているのです。

道元においては、まさに、全宇宙が仏性なのです。

＊1　栄西
一一四一～一二一五。鎌倉初期の僧。臨済宗の開祖。明庵栄西。比叡山で修行し、二度目の入宋で臨済禅を学ぶ。帰国後、幕府の帰依を受け鎌倉に寿福寺、京都に建仁寺を創建。天台・真言・禅の三宗兼学の道場とした。主著『興禅護国論』では、比叡山側からの非難に対し、天台教学には禅の伝統があること、禅の否定は最澄と天台の否定であるとして、禅宗が護国の教えであることを説いた。

＊2　円爾
一二〇二～八〇。鎌倉中期の臨済宗の僧。日本各地で顕密禅を学んだあと、宋に渡って臨済宗の無準師範に師事。師の法を嗣いで帰国後、東福寺開山となり、天台・真言をまじえた宗風で禅宗の普及に努め、皇族・貴族・武家の帰依を受けた。死後には花園天皇より「聖一国師」と諡《おくりな》されたが、これが日本初の勅諡号である。

＊3　北条時頼
一二二七～六三。鎌倉幕府第五代執権として北条氏の権力体制を確立。禅宗に深い関心を抱き、執権を離れてから出家した。宋から来日した臨済宗の僧・蘭渓道隆を開山に迎え、鎌倉に建長寺を開創した。

＊4　『涅槃経』
『大般涅槃経』の略。数種あるうち、大乗経典には北本と南本がある。どちらも釈迦が入滅する前の最後の説法を通して仏教の基本理念を説いたもの。

＊5　大乗仏教
インドで紀元前後におこり、中国、チベット、日本などに伝わった仏教。輪廻の苦しみからの離脱を重視する従来の仏教に対し、大乗仏教は菩薩の道を歩むことを重視し、悟りを開くための修行（自利の修行）と他者を救うための修行（利他の修行）を行う。大乗とは「大きな乗り物」

で、一切衆生を救済するという意味。

＊6　「無情説法」

「有情」は感情や意識を有する存在のことで、狭義には人間、広義には一切の生類を指す。「無情」は一般にはその対になる感情や意識のないもので、山川草木瓦礫の意味。道元は「無情説法」の巻で「草木瓦礫を認じて無情とするは不遍学なり」（無情を草木瓦礫と認めるのは修行がゆきわたっていない人だ）と述べ、草木の正体も凡夫の思いはかりの及ばないものであるとしている。

＊7　慧能

六三八〜七一三。中国南宗禅の祖とされる。達磨を初祖とする中国禅宗は五祖弘忍（六〇一〜六七四）のもと、神秀（六〇六？〜七〇六）に始まる北宗と慧能を六祖とする南宗に分裂した。長安・洛陽などに布教した北宗禅が順序を踏んで修行することによって悟る（漸悟）としたのに対し、慧能の南宗禅は修行の段階を経ず直ちに自己の仏性を悟る（頓悟）ものとし、弟子である神会《じんね》がその法系の正統性を主張し、以降南宗が主流となって五家七宗へと連なることになる。

＊8　嶺南

五嶺の南という意で、当時は未開の地とされていた。現在の中国広東省、広西自治区とベトナム北部のあたりを指す。

＊9　ハイデガー

一八八九〜一九七六。ドイツの哲学者。現代ドイツ実存哲学の代表者。第二次世界大戦でナチスへ協力したとして糾弾され大学を追われるが、のちに復職。主著『存在と時間』（一九二七年刊）は、時間性の面から人間存在をとらえようとしたもの。

＊10　『マッジマ・ニカーヤ』

パーリ語三蔵（経蔵・律蔵・論蔵）のうち経蔵の「中部」。百五十二経から成り、漢訳仏典における『阿含経』内の「中阿含経」に相当する。

第4章——すべての行為が修行である

風があるのになぜ扇を使うのか

「仏性」の巻において道元は、悉有（全存在）が仏性であるという解釈を示しました。あらゆるものが仏性であり、わたしたちは仏性のなかで生きている。だとすれば、こんな疑問が浮かんではこないでしょうか。

にもかかわらず、われわれは、なぜ修行をしないといけないのか？

さあ、わたしたちは若き日の道元が抱いた根本的な問いに戻ってきました。人間にはもともと仏性がそなわっている。それなのに、わたしたちはなぜ修行をせねばならないのか？

『正法眼蔵』には、この問いに対する答えとなる考えや、道元が修行というものをどう捉えているかについて、あちこちで触れられています。第4章では、修行とは何か、そして、修行に励む者が実践すべき教えとは何かについて見ていきたいと思います。「現成公案」で道元は、こんな逸話を紹介しています。分かりやすいように現代語訳で引用します。

麻浴山《まよくざん》の宝徹《ほうてつ》禅師[*1]が扇を使っているところに、僧がやって来て問うた。「風の本性は常住であり、ゆきわたらぬ場所はないのに、和尚は何を思って扇を使われるのか?」と。

師は言った、「おまえは風の本性が常住であることは知っているようだが、いまだどこにもゆきわたらぬ場所はないという道理が分かっておらぬようだ」と。

僧が言った。「では、どこにもゆきわたらぬ場所はないという道理は、いったいどういうことですか?」と。

それに対して、師はただ扇を使うのみであった。

僧は礼拝《らいはい》した。

「礼拝した」とは納得できたということです。僧は、風の本性は「常にあり」、「ゆきわたらぬ場所はない」のに、なぜわざわざ扇を使うのかと質問しました。これはちょうど、「一切衆生、悉有仏性」であるのになぜわれわれは修行をするのか、と問うことと同じです。風は常住であり、あらゆるところに充満している。しかし、その本性を観念的に「ある」と理解していてもだめなのです。やはり、扇であおぐことで風が起き、それによってはじめて、そこに風があることが分かる。これが修行です。

水泳に譬えてみましょう。人間の比重は水よりも軽いのですから、普通にしていれば水に浮くはずです。けれども、泳ぎを知らない人は、溺れて水に沈んでしまいます。ということは、泳ぐ（修行する）ことによってわれわれは水に浮く（仏になる）のです。同様に、扇であおぐから風（仏性）が活性化されるのです。

道元は悟りに至ったことによって、そこに気づいたわけです。いくら「一切衆生、悉有仏性」だと言っても、そのことを知っているだけではだめなのです。仏性を仏性として活性化させるためには、やはり修行が必要なのです。

修行と悟りは一つ

第1章で、長年の疑問に対し道元が得た結論を次のように紹介しました。大悟するために修行するのではない、悟りのなかにいる（仏である）からこそ修行できるのだ。

道元はそれを、

――修証《しゅしょう》一等・修証不二《ふに》・修証一如《いちにょ》・本証妙修《みょうしゅう》――

と表現しました。修行と悟り（証）とは一つである。〝本証〟とは、われわれが本来悟っていることであり、その悟りの上で修行するのが〝妙修〟です。

そうだとすれば、修行とは、禅堂にあって坐ることだけではありません。行住坐臥《ぎょうじゅうざが》（歩き・止まり・坐り・臥《ふ》す）のすべてが修行です。修行イコール坐禅なのではなく、日常生活すべてが坐禅なのです。食べるのも眠るのも、いわば仏が食事をし、仏が眠る。それが坐禅です。道元によると、それは、

――只管打坐《しかんたざ》（あるいは〝祇管打坐〟とも表記されます）――

です。〝只管〟〝祇管〟とは宋代の口語で「ひたすらに」といった意味。全身全心でもってひたすら坐り抜き、眠り抜き、歩き抜く、その姿こそが仏であり、悟りです。道元はそのように考えました。つまり、仏になるための修行ではなしに、仏が修行しているのです。悟りが目的で修行が手段なのではなく、修行の中に悟りを見、悟りの中に修行がなければならない。それが道元の考える禅なのです。

食事をつくることも修行である

道元は仏法を学ぶために宋に渡りました。宋の禅宗寺院において彼が体験し感激したことは、禅仏教というものが、

——生活禅——

だということの発見です。僧堂で坐ることだけでなく、日常生活のすべてが修行だということへの気づきです。

これについての道元の体験はさまざまに伝えられていますが、その一つが、道元の『典座教訓《てんぞきょうくん》』に記されている老典座との出会いのエピソードです。おもしろい逸話ですので、紹介したいと思います。

道元が日本から宋にやって来て、慶元府《けいげんふ》（寧波《ニンポー》）の港に着いたばかりの頃です。一人の老僧が日本産の桑の実（一説では椎茸《しいたけ》）を買い求めるため船にやって来ました。この老僧は典座といって、禅寺で台所をあずかる僧です。道元にとっては中国に来てはじめての仏教僧との出会いですから、彼はやや興奮気味。老僧にお茶を差し上げ、いろいろと質問をしました。

老僧の答えるところによると、彼は六十一歳。各地の道場で修行をし、先年、阿育王寺《あいくおうじ》に入り、昨年、そこの典座職に任命されました。明日、特別な説法があるので、修行僧たちにおいしいものを食べさせたいと、日本産の桑の実（あるいは椎茸）を買いに来ました。

道元は僧ともっと話がしたいと思い、「今晩はご供養しますからどうぞここに泊まってください」と言います。すると老僧は、「わたしは明日の食事の支度をしないといけないから帰ります」と言う。道元は、阿育王寺といえば立派なお寺だから、食事係など何人もいるはず、あなた一人がいなくても困らないに違いない、あなたのような老齢の方がなぜ典座職のような雑務をやっているのか、と畳みかけます。すると老僧は、「あなたは修行の何たるかが分かっていないようだ」と大笑いしたと言います。

食事をつくることも修行である。若き日の道元には、まだそれが分かっていなかったのです。当時の道元は、僧堂という特殊な空間に身を置いて、悟りを得るという目的のために坐禅に邁進《まいしん》することが修行だと思っていました。「〇〇のために」という政治的発想をまだ持っていたわけです。ところが、悟りに至った境地から見れば、食事をつくることも食べることも、すべてが修行なのです。何のために生きるのかではない。生きていることが修行なのです。

禅でよく使われる言葉に「喫茶去《きっさこ》」（お茶を召し上がれ）があります。一杯のお茶を飲む。それも修行なのだということです。このように、生活そのものを修行にすることで、わたしたちはあらゆる機会において仏性を活性化させることができます。

みなさんも普段の仕事で、こんなことがあるでしょう。同僚が急に休んで仕事のしわ寄せが自分にくる。「なんで俺がやらないといけないのか」と思うに違いありません。でも、時節因縁です。そのときその仕事をやらないといけないのであれば、それをやればよいのです。それも修行なのです。それをやることは、わたしたちの仏性を活性化する行為である。そんなふうに思ってほしいと思います。

宋で修行の何たるかを理解して帰国後、永平寺に移ってから道元が力を入れたのは、出家をして修行を行うプロの仏教者の養成でした。在家者の手本となるべき出家者の修行のあり方について、道元は「洗浄《せんじよう》」の巻にそのマニュアルを詳しく記しています。爪を切れ、長髪にするな、に始まり、排泄《はいせつ》行為やそのあとの手の洗い方まで、その内容は非常に具体的で、多岐にわたっています。

悪を思いとどまる

さて、道元によれば、修行とは日常生活において仏性を活性化することですが、仏性が活性化されると、どんなことが起きるのでしょうか。道元は、わたしたちは自然と悪いことをしなくなる、諸悪がつくられなくなる、と言います。こうした修行と諸悪の関係について論じたのが、「諸悪莫作《しよあくまくさ》」の巻です。

初期仏教の経典である『ダンマパダ（法句経）』[*2]に、

諸悪莫作——諸《もろもろ》の悪を作《な》すこと莫《なか》れ
衆善《しゅぜん》奉《ぶ》行《ぎょう》——衆《もろもろ》の善を奉行せよ
自浄《じじょう》其《ご》意《い》——自ら其の意を浄《きよ》くせよ
是《ぜ》諸仏教《しょぶつきょう》——是《これ》が諸仏の教えである

とあります。これは古来、「七仏通誡偈《しちぶつつうかいげ》」と呼ばれているものです。過去に出現された六仏と釈迦仏を合わせた七仏[*3]が、いずれもこのような教えを説かれたというのです。道元の「諸悪莫作」の巻は、この「七仏通誡偈」の第一句によるものです。道元はこの巻で、過去に出現された諸仏の教えが何であるかを明らかにしようとしています。それはつまり、「仏教とは何か」を問うことと同じです。

「諸の悪を作すこと莫れ」といっても、何が悪かがはっきりしないと困ります。そこで道元は、最初に、物事には「善性《ぜんしょう》・悪性《あくしょう》・無記性《むきしょう》（善でも悪でもないもの）」があるが、「その性《しょう》これ無生《むしょう》なり」、つまりそれらの性質は固定的・実体的なものではないことを述べます。物事は縁（条件）によって善になったり悪になったりするのです。

それを踏まえて道元は言います。

しるべし、「諸悪莫作」ときこゆる、これ仏正法なり。

「諸悪莫作」と聞こえてくるのが仏の正法だ。諸悪をつくること莫れとは、わたしたちが意図的に悪事をしないようにしようとすることではなく、修行をするうちに自然とそのように聞こえてくるようになることだ、というのです。

「諸悪莫作」は、文字どおりには「悪いことをするな！」です。わたしたちは、悪いことをしないようにと努力します。でも、本当にそれでよいのでしょうか？

それは、ある意味では、命令に縛られて、びくびくしながら生きているということです。そういう生き方は窮屈です。仏教者になると、そんな窮屈な生き方を強いられるのでしょうか？　それなら、仏教者なんぞになりたくない。そう考える人がいても不思議ではありません。

道元は、「諸悪莫作」を「諸悪すでにつくられずなりゆくところ」と言っています。いつしか諸悪がつくられなくなるというのです。悪いことをしないのではなく、ごく自然に悪いことができなくなる。悪を思いとどまることができるようになる。そのための修行です。それが道元の主張です。

ということは、「諸悪莫作」とは「悪いことをするな!」という命令ではないのです。わたしたちは、仏教の基本原理である七仏通誡偈をつい命令形で受け取ってしまいます。「悪いことをするな、善いことをせよ、自分の心を浄くせよ」といった具合です。でも、これらは命令形で受け取ってよいものでしょうか?

キリスト教のゴッドであれば、ゴッドが造物主であって、人間を造ったのですから、ゴッドは人間に命令する権利を持っています。しかし、仏は造物主ではありません。人間の支配者でもありません。ですから、仏はそもそも命令してはいけないのです。

そこに道元の主張があります。すなわち、悪いことをしようと思っても、自然に悪いことができなくなる。善をしようと意気込むことなく、ごく自然に善をしてしまうようになる。心を浄くしようなどと思うことなく、自然に心が浄まる。そういうふうになることが「莫作」です。そしてまた、それが仏道修行なのです。悪をやめなさいと命令されずとも、修行をして仏性が活性化されれば、わたしたちは自然と悪から遠ざかっているのです。

仏道を歩む者が実践すべき教え

日常生活のすべて、「行住坐臥」が修行だと説いた道元。では、わたしたちはその修行にどのような心構えで臨めばよいのでしょうか。それを示したのが「菩提薩埵四摂法《ぼだいさったししょうぼう》」の巻です。ここで道元は、出家者も在家者も含め、歩み続ける者（＝菩薩《ぼさつ》*4）が実践すべき四つの徳目を挙げています。それが四摂法で、布施《ふせ》・愛語《あいご》・利行《りぎょう》・同事《どうじ》の四つです。

『正法眼蔵』は、全体としては出家者に向けて書かれた内容の多い書です。でも、現代にあっては、道元が考えたような出家者はほとんどいません。現代の僧たちは家族を持って家庭に住んでいます。それに、本書の読者の多くは僧ではなく、仏教に関心を持つ一般の方々でしょう。そういう意味で、この「菩提薩埵四摂法」の巻は重要です。ここにおいて道元はわたしたちに、仏道を歩む者としての生き方を教えてくれています。

それでは、一つずつ見ていくことにしましょう。

まずは「布施」です。布施と言えば、わたしたちは普通、人にものを施すことだと考えます。ところが道元はこう言います。

その布施といふ《う》は不貪《ふとん》なり。不貪といふ《う》は、むさぼらざるなり。

布施とは人にものを施すことではなく、貪《むさぼ》らないこと、欲を出さないことだというのです。分かりやすい譬えでいえば、満員電車で高齢者や障害者に席を譲ることも布施です。あるいは、最初から坐らずに立っていることも布施です。そうすれば、必要とする誰かがその席を使えるからです。

欲望をすべてなくしてしまってはわたしたちは生きていけません。でも少し抑えることはできます。「坐りたい」という自分の欲望を抑えることが布施になる。欲望だらけになっている二十一世紀の日本人は、欲望を少し抑制すること――不貪――が取りも直さず布施だという道元の教えを、しっかりと学ぶべきですね。

そして道元は続けます。

むさぼらずといふ《う》は、よのなかにいふ《う》へつらは《わ》ざるなり。

へつらわないことも布施である。これはどういうことかというと、おべっかを使ったり権力に媚《こ》びたりすることは、結局は出世したい、得をしたいという自分の欲望を満足させることにほかなりません。ですから、へつらうとは自分のための行動であり、へつらわないことが、他人のための布施になるのです。

相手をそのまま肯定する言葉

次が「愛語」です。

愛語といふ《う》は、衆生をみるにまづ《ず》慈愛の心をおこし、顧愛《こあい》の言語をほどこすなり。

人に接したとき、まず慈愛の心を起こし、いたわりの言葉をかける。それが愛語です。愛語を聞くと、聞いた人の表情には喜びがあふれ、心が楽しくなると道元は言います。でも、この愛語とは、たんなるやさしい言葉のことではありません。愛語とは、相手をそっくりそのまま肯定する言葉のことです。あなたはあなたであっていいという気持ちを伝える言葉です。たとえば母親が子どもに、「あなたがもっと勉強したらあなたを好きになってあげる」というのは愛語ではなく取引語です。

こんなエピソードがあります。第2章でも紹介した北野元峰禅師が永平寺で修行をしていたときの話です。

彼の母親が病気になり、彼は実家に戻って母親の看病をしました。無事に病気が治り、再び永平寺に修行に行こうというときに、彼はこう言いました。「お母さん、わたしは真剣に修行をします。もしもわたしが堕落した坊主になって『破戒坊主だ』と人から後ろ指を指されるようなことになれば、もう二度とこの家の敷居はまたがない。そういう覚悟で修行に出かけます」と。そうしたらお母さんが、「ばかなことを言うのではない」と言って怒ったというのです。そして、「おまえが立派な高僧になれば世間の人がちやほやしてくれる。そのときは、こんな家に帰ってこなくてもいいのだ。でも、おまえが人から後ろ指を指されるような落ちぶれた坊主になったとき、そのときこそ、この家に帰っておいで。玄関から入ってくるのが恥ずかしければ、裏口からでも入っておいで。お母さんは待っているからね」と言ってくれたそうです。

この言葉を、禅師はずっと語り続けておられました。これがまさに愛語です。

自分と他人は同じである

三つ目の「利行」は、読んで字のごとく、すべての衆生に利益を与える行いをすることです。ここで道元が言っている大事なことは、です。わたしたちは、「自利」と「利他」とを二つのものと考えています。しかし、道元は「自他不二」の立場に立っています。大きな大きないのちの世界においては、自分も他人もないのです。みんな仏のいのちを生きています。そうすると、他を利することは自分を利することになり、自分を利することは他を利することになります。その立場に立ったとき、わたしたちははじめて利行が実践できるのです。

利行《りぎょう》は一法《いっぽう》なり、

最後が「同事」です。

同事といふ《う》は、不違なり。自にも不違なり、他にも不違なり。

これは簡単に言えば、相手と自分は同じ人間だと思うということです。わたしたちは推理小説などを読んでいて、「わたしならこんなひどい犯罪はしない」などとつい思ってしまいます。しかし、そう思っている自分だって、小説の登場人物と同じ立場に立てばどう行動するかは分かりません。たまたまいま、その立場にないだけです。

要するに人間はみな同じなのです。そういう理解に立つことが「同事」です。

最後に、道元は次のような注釈をつけています。「この四つの実践徳目——布施・愛語・利行・同事——の一つ一つが、それぞれ四つの実践徳目を具備しているから、合計で十六の実践徳目になる」。つまり、布施をするとき、そこには愛語もあり、利行もあり、同事もある。それで四×四＝十六なのです。逆にいえば、これらを一つずつ別々に実践しようなどと思わないでほしいということです。わたしもいつなんどき貧乏人になるかもしれない、わたしもみんなと同じなのだ、という同事の気持ちがあってこそ布施ができる。そういう気持ちなしに、「わたしはおまえとは違うのだ、恵んでやる」では布施にならないわけです。

布施・愛語・利行・同事の実践はすべて修行であり、その修行が仏性の活性化につながります。修証一等——修行が悟りであり、悟りが修行——なのです。ですから、この四つもそれぞれを切り離して別個に実践するものとは捉えないでいただきたいと思います。

道元絶筆の八つの教え

同じように道元は、菩薩が学ぶべきことを「八大人覚《はちだいにんがく》」の巻にも残しています。

「八大人覚」は「八・大人・覚」です。すなわち、「大人《だいにん》として覚知すべきこと八つ」です。大人というのは、いわゆる「おとな」ではありません。ただ生物学的に成長しただけの大人ではなく、真に人間としてふさわしい人物、別の言葉で言えば菩薩と呼ばれる人が大人です。

この巻は、その大部分が『仏垂般涅槃略説教誡経《ぶつしはつねはんりやくせつきょうかいきょう》』、一般に『仏遺教経《ぶつゆいきょうぎょう》』と呼ばれている経典からの引用です。この経典は、釈迦が入滅される直前に説法された教えを記したものとされています（が、これは後世の人がつくったフィクションです）。

道元は、『仏遺教経』のなかから、釈迦の教誡の中心をなす「八大人覚」を取り上げて、「如来の弟子たる者はこれを習学すべし。これを修習せぬ者は仏弟子ではない」と言っています。つまり、仏弟子たらんとする者は、この「八大人覚」を学ばねばならないのです。

なお、奥書によると、この巻が制作されたのは建長《けんちょう》五年（一二五三）正月六日、永平寺においてです。そしてこの年の八月に、道元は京都において示寂しています。したがって、はからずもこの巻は道元の絶筆となりました。この巻は、道元の遺書として読むこともできるでしょう。

この巻に示されている八つの教えは次のとおりです。

一　少欲――物足りないものを、物足りないままにしておくこと
二　知足――与えられたものを、全部が全部自分のものとしないで、一部を他人のために回すこと
三　楽寂静《ぎようじやくじよう》――寂静を楽しむ。喧騒の場所を離れること
四　勤精進《ごんしようじん》――精進に勤める。おのれ一人の利益のためにがんばらないこと
五　不忘念《ふもうねん》――常に仏法を思っていること
六　修禅定《しゆぜんじよう》――心静かに真理を観察すること
七　修智慧《しゆちえ》――智慧を修得すること
八　不戯論《ふけろん》――物事を複雑にせず、あるがまま、単純そのままに受け取ること

このなかでとくに大事なのは、最初の二つ、「少欲」と「知足」です。だいたいにおいて、わたしたちはいつも物足りない思いをしています。年収が上がるといいなと思い、上がったら満足するかというとそうではなく、もっと欲しくなる。かえって欲望が膨らみます。欲望というものは、それを充足させればさせるほど、ますます膨らむものです。ですから、欲望を充足させることによって、わたしたちは幸福には

なれません。幸福になるには、逆に欲望を少なくするのです。それが「少欲」です。

ですから、「少欲」は動詞形なんです。少なくするという動詞。では、どうすれば欲望を少なくできるか。それには、物足りないものを物足りないままにしておくことです。「もう少し欲しいな」と思ったとき、「いや、これで充分だ」と思い直す。その「充分だ」というのが、次の「知足」になります。

知足（足るを知る）とは、普通は、与えられたもので満足することです。しかし道元においては、すでに得たもの（已得《いとく》の法）を全部自分のものとはせず、一部を他者に回すことを意味しています。つまり、それが布施になるわけです。

あるがままに、しっかり迷う

三つ目の「楽寂静」は、文字どおり、寂静な世界を楽しむこと。または喧騒の場から遠ざかることです。

四つ目の「勤精進」は、善きことに努力すること。これは、ただ努力すればよいのではなく、自利に執着しない努力をするということが重要です。ですから、わたしはこれをあえて「がんばらない」と訳しています。わたしたちはどうしても、世間の物差しに執着して、給料を上げよう、利益を得よう、などとがんばってしまいます。でも道元が言っているのはそういうことではなく、仏道に精進しようということです。

五つ目の「不忘念」は、仏の教えを忘れないこと。ついうっかり、ということのないように、常に仏の教えを頭に入れておこうということです。

六つ目の「修禅定」は文字どおり、禅定を行うということ。日本人は禅定といえばすぐに「坐禅」を思い浮かべます。しかし、それはある意味ではまちがいです。禅定とはサンスクリット語の「ディヤーナ」の訳ですが、その意は、心静かに瞑想《めいそう》し、真理を観察することです。『仏遺教経』もその意味で禅定を説いています。

七つ目は「修智慧」。智慧という言葉はすでに何度も出てきているのでもうお分かりですね。これは世間を泳いで渡るために必要な「知恵」ではなく、あるものをあるがままに見ることができる眼のことです。こうした眼を養っていこうということです。

最後の「不戯論」は、簡単に言えば、無駄な議論はするなということです。わたしたちは、物事をあるがままに受け取らず、つい複雑化して考えてしまいます。そうすると、わたしたちの心は乱れます。単純な悩みだったはずが、悩みをなくさねばならぬという悩みまで抱え込んでしまって、よけいに苦しくなるのです。

道元は、「不戯論とは、実相を究尽すること」だと言っています。要するに、あるがままを知ればよいということです。これはすなわち、「莫妄想」（妄想すること莫れ）と同じことです。病気になればただ病気になっただけ。老いればただ老いただけ。死ぬときはただ死ぬだけ。そう思えるようになったら、「不戯論」であり、「莫妄想」なのです。

以上が「八大人覚」の八つの教えですが、最後に、道元は「菩提薩埵四摂法」の巻と同様の注釈を付けています。すなわち、それぞれの教えにはみな、さらに八つの教えが具《そな》わっているので、教えの合計は八×八＝六十四箇条になります。

さて、ここまで道元の『正法眼蔵』を読んできました。取り上げられたのは全九十五巻のうちのわずかですが、いかがだったでしょうか。難しい！と思われたでしょうか。『正法眼蔵』は一種の哲学書です。哲学書であれば、専門家であっても小説を読むようにすいすいとは読めません。ですから、難しいと感じたとしても落胆しないでください。一度読んで分からなくてもいいのです。分からないことが分からないと分かることが悟りです。

悟りを追いかけてはいけない、迷いをしっかり迷うことが悟りなのだ。道元はそう言いました。わたしたちも、一度読んで分からなければ二度、三度と読み、少しずつ仏性を活性化しながら、「しっかり迷えば」よいのです。

＊1　宝徹禅師

生没年不詳だが、唐代の禅僧・馬祖道一（七〇九〜八八）の法嗣なので、八〜九世紀の中国の禅僧。麻浴山は蒲州（山西省永済県）にある。

＊2　『ダンマパダ（法句経）』

パーリ語三蔵のうち経蔵「小部（クッダカ・ニカーヤ）」の一経。四百二十三偈から成る。釈迦の言葉が短い詩句のかたちで説かれている。

＊3　七仏

過去七仏。ゴータマ・ブッダすなわち釈迦牟尼《しゃかむに》仏《ぶつ》と、かれ以前から教え（法）を説き継いできたとされる六人の仏の総称。順に、計り知れない遠い昔（過去荘厳劫）に出現したとされる毘《び》婆尸仏《ばしぶつ》、尸棄仏《しきぶつ》、毘舎浮仏《びしゃふぶつ》、釈迦牟尼仏と同時代（現在賢劫）に現れたとされる拘留孫仏《くるそんぶつ》、拘《く》那含牟尼仏《なごんむにぶつ》、迦葉仏《かしょうぶつ》とよばれる。

＊4　菩薩

「菩提薩埵」の略。はじめは前世で修行中の釈迦を指す名称だったが、のちに大乗仏教では自らの修行の完成（自利）と衆生の救済（利他）とを目指す修行者を指すようになった。また、菩薩のなかでも観音菩薩や文殊菩薩のような高位の菩薩は仏に次ぐ存在として信仰の対象とされる。

ブックス特別章

道元の「哲学」とは何か

『正法眼蔵』の読み方

道元の『正法眼蔵』は難解である。多くの人がそう言っています。わたしもまた、その意見に賛成します。

けれども、読み方によっては、『正法眼蔵』はそれほど難解ではありません。読み方によるというのは、『正法眼蔵』を哲学書として読むことです。そうすると、それはそれほど難解ではなくなります。

ところが、ほとんどの人が『正法眼蔵』を禅の指南書として読んでいます。道元は日本曹洞宗の開祖である。だから彼の著述は、曹洞宗の教義に関する書物である。そういう思い込みがそのようにさせるのです。もっとも道元は、六七ページで指摘したように、自分が説いているのは曹洞宗だとか、禅宗だとは思っていません。彼は、釈迦から正しく教えられた仏教――正伝の仏法――を説いているのだと自負していました。それはそうですが、まあある意味では彼が禅を教えたことはまちがいありません。それで人々は、『正法眼蔵』を禅の指南書と受け取ってしまうのです。

しかし、わたしはそのような見方に反対です。わたしは、道元は『正法眼蔵』を哲学書として書いたのだと思います。

哲学書というのは、何の前提もなく、ただただ人間の理性によって真理の世界を解明しようとするものです。ということは、言語を駆使するわけです。

一方、禅の指南書はそうではありません。最初にも述べましたが、禅は「不立文字・以心伝心」によって伝えられるものです。したがって、人間の理性・言語に拠らずに、真理の世界を味わわせようとします。のどの渇いたとき、一杯の水のおいしさを言葉によっていくら説明しても、渇きはおさまりません。まず水を飲ませるのです。それが禅のやり方です。

わたしは、そのようなやり方がまちがっていると言うのではありません。禅の専門家であれば、この本を禅の指南書として読んでもいいと思います。「坐禅しない者に、『正法眼蔵』が分かるか?!」と言ってもいいのです。しかし、それであれば、道元は『正法眼蔵』をつくらなかったと思います。彼が『正法眼蔵』を書き遺したのは、ただただ言語を武器として、悟りの世界を解明し、叙述したかったのです。それによって、彼の信じる「正伝の仏法」を後世に伝えたかったのです。わたしはそう考えています。そして、そのような立場から『正法眼蔵』を読みたいのです。

具体的にはどういう読み方でしょうか?

哲学書の場合、まず大事なのは著者の主張を正確に読み取ることです。ところが、『正法眼蔵』を禅の指南書にする場合は、読者は自分の体験と比較しながら、これを読んでしまいます。もっとも、わたしたちの体験は道元のそれに較べるとちっぽけなものです。だから、自分はもっと悟らねばならないとなるわけですが、それでも自分のそのちっぽけな悟りを下敷きにして『正法眼蔵』を読んでしまうのです。だから、『正法眼蔵』がむずかしくなるのです。でも、そのむずかしさは、基本的には修行のむずかしさなんです。わたしは、そのような読み方はおかしいと思います。『正法眼蔵』は哲学書として、まず道元がそこで何を言っているかを読み取ればよい。そうすると、『正法眼蔵』はそれほどむずかしくはなくなってくるのです。

では、『正法眼蔵』において道元は何を言っているか。以下に少しく解説することにします。

迷いと悟りはもともと同じもの

仏教においては、しばしば〝即〟〝すなはち《わ》〟といった言葉が使われます。「生死即涅槃」「煩悩即菩提《ぼだい》」「仏即凡夫」といったように。『般若心経』の「色即是空《しきそくぜくう》」もそうですね。

そしてわれわれは、この〝即〟を「イコール」の意味に受け取っています。数学の等号の〝＝〟ですね。わたしも最初はそう思っていました。しかし、それだと道元の言っていることが理解できません。

ただ生死すなはち《わ》涅槃とこゝろえて、生死としていとふ《う》べきもなく、涅槃としてねがふ《う》べきもなし。このときはじめて生死をはなるゝ分あり。

生より死にうつると心うるは、これあやまりなり。生はひとときのくらゐ《い》にて、すでにさきあり、のちあり。かるがゆゑ《え》に、仏法の中には、生すなはち《わ》不生といふ《う》。滅もひとときのくらゐ《い》にて、又さきあり、のちあり。これによりて、滅すなはち《わ》不滅といふ《う》。生といふ《う》ときには、生よりほかにものなく、滅といふ《う》とき、滅のほかにものなし。かるがゆゑ《え》に、生き《しょう》たらばたゞこれ生、滅きたらばこれ滅にむかひ《い》てつかふ《う》べし。いとふ《う》ことなかれ、ねがふ《う》ことなかれ。

道元は「生死」の巻においてそう言っています。一部は第2章でも取り上げましたが、これを単純に「生死イコール涅槃」「生イコール不生」「滅イコール不滅」としたのでは、支離滅裂になってしまいます。では道元は、〝即（すなはち）〟をどのような意味に使っているのでしょうか？

じつは、これは道元だけに関した問題ではないのです。本来、仏教においては、〝即〟といった言葉は「イコール」の意味ではなしに、同じものを別々の見方で捉えていることを意味します。煩悩即菩提というのは、煩悩イコール菩提（悟り）ではなしに、煩悩も悟りも同じものなのに、ある人はそれを煩悩と見、別の人はそれは悟りだと見ているということです。

ここのところは仏教の基本です。世間一般では分別のあるのはいいことですが、仏教では「分別するな！」と教えています。分別智ではなしに、分別しない無分別智こそ、仏教の求める智慧なんです。ですから、これは煩悩である。煩悩をなくさないといけない。これが悟りである。悟りを求めないといけない。そのように考えてはいけないのです。煩悩も悟りも同じものなのに、われわれはそれを煩悩と悟りに分別しています。そういう分別をするな――というのが、仏教の教えなんです。

だから道元は、迷いも悟りもないと言っています。第1章で引用しましたが、再び引用すれば、「現成公案《げんじようこうあん》」の巻において、道元は次のように言っています。

諸法の仏法なる時節、すなはち迷悟あり、修行あり、生《しよう》あり、死あり、諸仏あり、衆生《しゆじよう》あり。

これは分別智による見方です。もっとも、世間一般の人は違いますよ。世間一般の人は、迷いだとか悟りを考えません。ただ仏道に志した人が、分別智によって現実世界に対したとき、そこに迷いと悟りが出てくるのです。そして迷っていてはいけない、悟らねばならない、と考えるようになるのです。

でも、無分別智によるなら、迷いも悟りもないのです。生も死もありません。頓智《とんち》の一休さんにこんな話があります。彼は、「お父さんとお母さんと、どちらが大事か？」と質問されたとき、持っていた煎餅《せんべい》を二つに割って、

「おじさん、この煎餅、左と右とどちらがおいしい？」

と問い返しました。われわれは両親というものを父と母に分別して、「どちらが？」と考えているのです。そんな分別智で考えるな！　というのが仏教の教えです。

即今・当処・自己に生きる

第3章において、わたしは、

――時節因縁――

という言葉が、道元哲学を理解するキーワード（鍵となる言葉）だと指摘しておきました（七九ページ参照）。〝時節因縁〟とは、「そのときそのときのあり方」といった意味です。

この世に存在する事物は、時々刻々と変化しています。いま、あなたは若いかもしれませんが、いずれあなたは老人になります。いまは健康であっても、やがて病気になるかもしれません。金持ちが貧乏になることもあり、反対に貧乏人が金持ちになることもあります。仏教では、これを「諸行無常」というのですね。〝行〟とは、因縁によってつくられたものをいいます。

では、そのように時々刻々変化する相《すがた》のうち、どの相が基本の相――諸法の実相――でしょうか？　これはなかなかむずかしい問いです。五二ページにも言っておきました

が、『法華経』の「方便品」には、

ただ仏と仏とのみ、すなわちよく諸法の実相を究尽す

とあります。どの相が真実の相なのか、仏でなければ分からないのです。われわれ凡夫には、それは分かりません。

では、どうすればよいのでしょうか？

そこで道元は、時節因縁を考えました。

若いときは、ひたすら若さに生きればよいのです。若いときは、その若さが実相なんですから。老いれば、老いが実相ですから、その老いをひたすら生きればよい。苦しいときは、さまざまな因縁によってあなたは苦しむはめになっているのですから、しっかりと苦しめばいいのです。苦しみたくない、苦しみから逃れたいと願うのは、まちがっています。わたしたちは、そのときそのときの自己のあり方を、しっかりと生きればよいのです。それが時節因縁です。

だとすれば、それは、

きは、しっかり死ねばよいのです。道元はそう考えました。

「わたし」が、生きているのです。その自己を、しっかり生きればよい。いや、死ぬと

ということになります。〝即今〟は「いま」です。〝当処〟は「ここ」。いま、ここで、

――即今・当処・自己――

古仏のいへ《え》る事あり。死のなかにいけることあり、いけるなかに死せることあり。死せるがつねに死せるあり、いけるがつねにいけるあり。

これは、「唯仏与仏」の巻からの引用です。昔の祖師が語った。死の中に生があり、生の中に死がある。死者は常に死者で、生者は常に生者だ。われわれは生と死を分別していますが、生も死も、もともと同じものなのです。だから、生きているときはひたすら生きればいい。死ぬときはしっかり死ねばいいのです。生きているときに死の恐怖に怯える必要はないし、死ぬときに「死にたくない」と喚《わめ》く必要はありません、いや、そうではないですね。「死にたくない、死にたくない」と喚く時節因縁になれば、思いきり喚けばいいのです。道元はそう言うと思います。

ですからこれは、三一ページに引用した、

——薪は薪、灰は灰——

ということになります。われわれは、薪が燃えて灰になったと見ますが、道元に言わせると、薪は薪で、灰は灰なんです。若者が老人になったのではなく、若者は若者、老人は老人です。老人になれば、われわれは老いを託《かこ》ちつつ、その老いをしっかりと生きればよいのです。このとき、老いを託つというのは、老いを〈いやだ、いやだ〉と忌避するのではなしに、その老いを味わいつつ生きることです。それが道元の考え方です。

『典座教訓』の中で、道元は宋における思い出話を語っています。六十八歳になる老典座が、炎天下、笠もかぶらず椎茸を乾かしています。あまりに苦しそうなので、彼に、

「そんな雑用は、在家の使用人にやらせればいいではありませんか」

と言いました。すると老典座は、

「他は是《こ》れ吾にあらず」

と返答しました。これはわたしの修行である。わたしの修行を他人にやらせていいわけではない、と言ったのです。

　すると道元は、

「いまは太陽がこんなにも熱い。もっと涼しくなってからすればいいではありませんか」

と言います。それに対する老典座の応答は、

「更《さら》に何《いつ》れの時をか待たん」

というものでした、「いまを外して、いったいいつやればいいのだ?!」ということです。

　この老典座の言葉は、まさに「即今・当処・自己」を教えたものです。われわれは、時節因縁によって、ときには不本意なことをやらねばならなくなることもあります。もちろん、幸運に恵まれるということもあります。しかし、どんな場合でも、そのときそのとき、自分に与えられた人生をしっかりと生きる。それが道元の教える生き方だと思います。わたしは『正法眼蔵』をそのように読んでいます。

道元の「時間論」

　道元は「有時」の巻において、彼独特の時間論を展開しています。その点についは、第3章で紹介しました。ここでは、その「時間論」に関する問題をもうすこし詳し

く見ていきましょう。
さて、道元の時間論ですが、思い切って言ってしまえば、彼の主張は、

――ただ現在だけしか存在しない――

ということになると思います。われわれは過去・現在・未来があると思っていますが、よく考えてみれば、過去はすでに過ぎ去った時間であり、現在においては存在しません。また、未来はまだやって来ない時間であり、現在には存在しないのです。したがって、現在にあるのは現在だけであり、現在しかないのです。それが道元の考え方です。

そしてこれは、八五ページに紹介した釈迦の言葉と同じです。釈迦は、「過去を追うな。未来を願うな。ただ現在を生きよ」と言っています。

これは、こんなふうに考えるとよいでしょう。われわれは高速列車に乗っています。いちばん先頭のパノラマ席に坐っています。そうすると、目の前に次から次へと新しい風景が現れてきます。ただ、その風景は、一瞬のうちに過ぎ去り、見えなくなってしまいます。だから隣の人と、

「いま、おもしろい水車があったね」

「本当ですか？　わたしは見ていません。わたしは桜の花を見ていました」

「えっ?!　桜が咲いていたの……？　ぼくは見なかった」

といった会話になることがあります。そして互いに相手の言っていることを確認する方法はありません。

これが道元の世界認識です。すなわち、世界は「現成」しているのです。いま目の前に現れ、成っている世界。それが世界なんです、そして道元はわれわれに、世界をそのように認識せよ！　いま、おまえの目の前に現成している世界。それこそが世界であり、それ以外に世界はない。おまえは、世界をそのように認識せよ！　彼はわたしたちにそう呼びかけているのです。

これが「現成公案」の意味です。二四ページに書いたように、「現成」とは、「いま目の前に現れ、成っている世界」を意味します。そこには過去も未来もありません。ただ現在しかない。つまり、あなたの目の前にある世界がすべてなのです。車窓から見えなくなった世界——過去——は存在しません。未来もない。あなたは「現成」をどう生きるか？　それを問うているのが「現成公案」です。

ここでちょっと言っておきたいのが、時間の流れです。だいたいにおいて日本人は、時間というものは過去から現在に流れてくるものだと思っています。そのため、過去の不勉強の結果、現在の不合格があると考えるわけです。

ところがインド人は、時間は未来から流れてくると考えています。さきほどわたしが時間を高速のパノラマ・カーにたとえたのは、インド人の考え方によるものです。未来から現在に時間が流れてきて、それが一瞬のうちに過ぎ去ってしまうのです。インド人はそのように考えています。

ところで、中国には、「人間万事塞翁《じんかんばんじさいおう》が馬」といった格言があります。〝塞翁〟というのは、要塞のほとりに住んでいる老人です。彼の飼馬が逃げ出し、他人はその不幸に同情します。しかし老人は、「なあに、これはいいことかもしれん」と言います。そのうちに飼馬が駿馬《しゅんめ》を連れて帰って来ます。人々は「よかったですね」と言いますが、老人は、「これは禍《わざわい》かもしれん」と言う。案の定、息子がその馬に乗って骨折し、身体障害者になります。しかしそのために、息子は兵役を免れ、戦死しないですみます。『淮南子《えなんじ》』にある話です。

これを日本人は、「苦は楽の種《たね》、楽は苦の種」といったふうに解釈します。いまは苦しくても、じっと我慢をしていれば、そのうちによくなるさ。いま楽でも、そのうちに苦に変ずることがある、日本人はそう考えるのです。

しかし、陳舜臣《ちんしゅんしん》さんに生前教わりましたが、中国人はこれを、苦の中に楽があり、楽の中に苦があると見ているそうです。ある意味では良いことも、別の観点からすれば悪いことになる、といった解釈です、なるほどその通りで、息子が身体障害者になったのはそのままでは、決して良いことではありません。だが、別の観点からすれば、障害があるが故に徴兵されず、命を落とさずに済んだともいえるのです。それが中国人の考え方です。

では、道元はどうでしょうか?

時間が未来から流れてくるというのは、インド人的です。そもそも道元においては、現在しか存在しないのです。未来は存在しない無です。その無（未来）から現在が流れてきて、そしてそれが無（過去）になるのです。道元の言う「現成」とは、そういう意味です。

そして道元の考え方は、ある意味で中国的です。中国人は、「苦の中に楽があり、楽の中に苦がある」と考えるようですが、道元は苦と楽に分かれる以前の状態を考えています。「苦すなわち楽」であり、「生死（迷い）すなわち涅槃（悟り）」です。われわれは、迷いの中で悟り、悟りの中で迷っているのです。苦の中で楽しみ、楽の中で苦しんでいる。それが道元の考え方です。だから中国的といっても、中国人とまったく同じではなく、道元独特の考え方といってよいでしょう。

「無我」ではなしに「忘我」

さて、われわれはもう一度、道元の「身心脱落《しんじんだつらく》」を考えてみましょう。

第1章で述べたように、道元は、師の如浄が居眠りをしている雲水を、

「坐禅とは身心脱落であるのに、おまえは居眠りばかりしている。ケシカラン！」

と叱りましたが、それを聞きまちがった可能性があります。如浄は〝身心脱落〟を、「邪念をなくすこと」「煩悩を捨て去ること」といった意味に使ったのに、道元はそれを、文字通りに「ちっぽけな自我《エゴ》を脱落させること」と聞いたのです。そして彼は、自我《エゴ》を脱落させて無我の境地に達しました。

じつは高崎直道氏が、高崎直道・梅原猛共著『古仏のまねび〈道元〉――仏教の思想・第十一巻』（角川書店、一九六九）において、道元は〝心塵《しんじん》脱落〟を〝身心《しんじん》脱落〟と聞き違えたのではないかと指摘されました。しかし、その二つは中国語においては発音がまったく違うので、そういう聞き違いはありません。また、高崎氏自身が、のちに自説を撤回しておられます。

しかしながら、禅にかぎらず仏道修行というものが、心の塵《ちり》を払うこと、すなわち煩

悩を取り除くことだというのは、それほどまちがった考え方ではありません。だから如浄が、居眠りをする雲水に、

「坐禅は煩悩を捨て去ることなのに、おまえは睡眠欲という煩悩にとらわれている。ケシカラン！」

と叱った。それを道元は、ちっぽけな自我意識に対する執着を振り切ってしまって、無我の境地に到達した。わたしはそういうふうに考えます。

ここのところに道元の悟り——それは身心脱落にほかなりません——の本質がありま す。一般に仏道修行は、心の塵を払うことだと考えられていますが、道元によると塵（煩悩）と悟りはもともと同じもの（即）なんです。だから、塵（煩悩）を払ってしまえば、悟りもなくなってしまいます。われわれが払うべきものは、煩悩と悟りを分別する自我意識のほうです。道元はそういう意味で「身心脱落」を考えたのです。わたしはそう思います。

したがって、身心脱落とは、伝統的な仏教の用語だと、〝無我〟になるでしょう。それは我執《がしゅう》（自我に対する執着）をなくすこと、あるいは超越することを意味します。

しかし道元は、「有」と「無」をもともと一つのものと見ています。その一つのものを、わざわざわれわれは有と無に分別し、自我が有《あ》ってはならない、自我を無《な》くさねば

ならないとこだわっている。そして悩んでいるのです。だから道元は、〝無我〟という言葉を使わず、〝身心脱落〟と言ったのです。

その身心脱落とは、それ故、道元は「忘れること」だというのです。第1章で引用しましたが、確認のためにもう一度引用しておきます。これは「現成公案」の巻にある言葉です。

仏道をならふ《う》といふ《う》は、自己をならふ《う》也。自己をならふ《う》といふ《う》は、自己をわする丶なり。自己をわする丶といふ《う》は、万法に証せらる丶なり。万法に証せらる丶といふ《う》は、自己の身心および他己の身心をして脱落《だつらく》せしむるなり。

だとすれば、これは「無我」ではなしに「忘我」です。わたしたちは、〈俺が、俺が〉と自己にこだわっています。それを忘れてしまうのです。同時にわたしたちは、他己（他人）にこだわっています。〈妻を愛さねばならぬ〉〈あいつは俺の敵だ〉と考える、それがこだわりです。そのこだわりを忘れてしまうのです。その忘れてしまうことが、つまりは「身心脱落」にほかならないのです。

「此岸」も「彼岸」もない

要するにわたしたちは、世界を「此岸《しがん》」と「彼岸《ひがん》」に分別しているのです。此岸とは迷いの世界・凡夫の世界であり、彼岸は悟りの世界・仏の世界です。そして、此岸から彼岸に渡らねばならないと考えています。仏教とは此岸から彼岸に渡るための教えであると、われわれは思い込まされているのです。

だが、道元によると、それが迷いなんです。世界には此岸もなければ彼岸もないのです。世界は一つです。

ところが、世界は一つといえば、われわれは迷いと悟りの濃度のようなものを考えてしまいます。この段階は、まだまだ悟りの濃度は薄い。もっと悟りの濃度を上げねばならない。そういったふうに考えるわけです。

それは、「仏性」についてもいえることです。

『涅槃経』は、「すべての衆生に仏性がある」と言っているのに、わたしたちはその仏性の濃度のようなものを考えてしまいます。蟻の中に有る仏性はちっぽけなものであり、そんなものは有るとはいえない。犯罪者の中に有る仏性は、濃度の薄いものであり、善人の仏性と比較すれば、そんなものは無いに等しい。そういう考えになるので

す。だから、「仏性」の巻で道元も取り上げていますが、趙州従諗《じょうしゅうじゅうしん》（七七八〜八九七）という中国庶民の禅僧は、

「狗子《くし》（犬）に仏性無し」

と言っています。この「無」は、「有る／無い」を超越した無であり、「おまえさん、仏性の濃度にこだわっているようであれば、いっそのこと、すべての衆生に仏性無しと考えたほうがよいよ」と弟子に教えたものです。

そして道元は、前にも言ったように、全宇宙が仏性であり、われわれはその仏性の中で生きているのだと考えました。だから彼には、仏性の濃度なんて問題になりません。

仏道もとより豊倹《ほうけん》より跳出《ちょうしゅつ》せるゆゑ《え》に、生滅《しょうめつ》あり、迷悟あり、生仏《しょうぶつ》あり。

「現成公案」の巻で、道元はそう言っています。〝豊倹《ほうけん》〟というのは、豊かさ／倹《つつま》しさがあって、つまりは濃度の問題です。それ故、わたしはこれを、

仏道を歩むということは、どこまで到達すれば合格、そうでなければ不合格といったようなものではないのだが、それでもやはり歩んでいるときには生と死、迷

いと悟り、衆生と仏の差が気になるものだ。

と現代語訳しています。濃度なんて考えなくてよい。ただ歩めばよい。それが道元の考え方です。

「方便」とは近づくこと

「ただ歩めばよい」と言いましたが、仏教語の〝方便〟はそのことを教えたものです。日常語の〝方便〟は、目的を達成するための便宜的な手段の意味に使われます。したがって、目的さえ正しければ、少々まちがった方便（手段）を使っても許されると考えるのです。「嘘も方便」というのがそれで、大事な目的のためには嘘も許されるというのです。

だが、仏教でいう「方便」はそうではありません。これはサンスクリット語の〝ウパーヤ〟の訳語であって、〝ウパーヤ〟は「近づく」といった意味です。一歩一歩、仏に近づいて行くのが方便であって、その方便（近づくこと）が大事です。だから、まちがった手段を使うことは許されません。

そこで図を見てください。

「方便（近づくこと）」のイメージ図

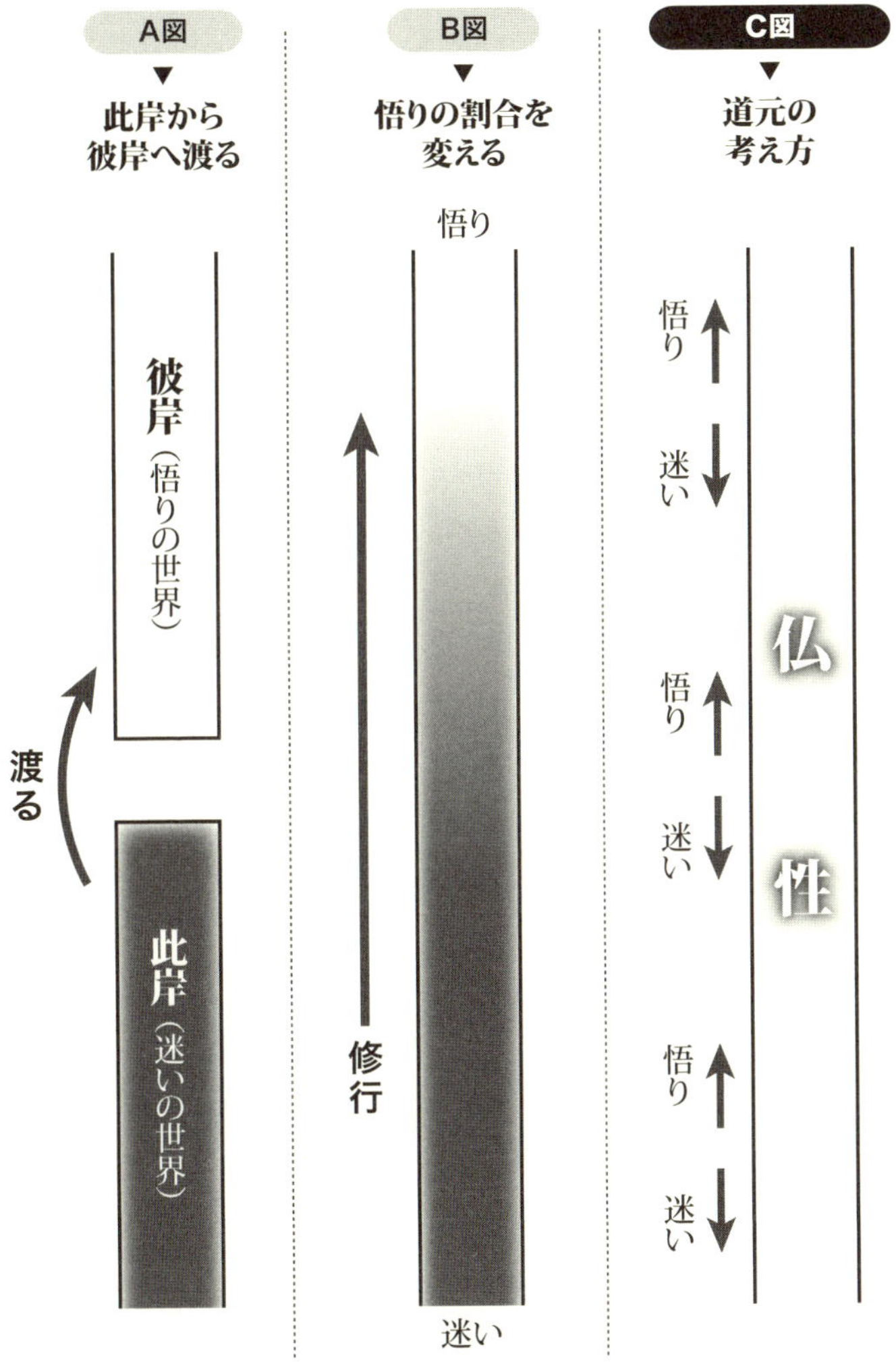

Ａ図は、迷いの此岸から悟りの彼岸に渡るといった考え方です。われわれは迷いの世界にいるが、その迷いの世界から悟りの世界に到達しなければならないといった考え方なんです。

Ｂ図は、そのように世界を二分しませんが、悟りと迷いの割合を問題にしたものです。そしてわたしたちは、修行によってこの悟りの割合を大きくしなければならないと考えています。

しかし、ＡもＢも、道元の考え方ではありません。道元の考え方はＣ図です。道元において、世界は一つです。この一つの世界を道元は仏性と考えました。「悉有《しつう》（全宇宙）が仏性なり」と道元は言っています。したがって、われわれは仏の世界の中にいるのです。

そして、あなたがどこにいてもいい。そのあなたのいる場所から、一歩でも上に向かえば、それが悟りです。また、一歩でも下に向かえば、それが迷いです。Ｃ図はそういう意味だと思ってください。

これは、第1章で述べた、芥川龍之介の『蜘蛛の糸』だとしてもいいでしょう。地獄から極楽にいたる長い長い蜘蛛の糸です。いわば無限大の長さです。けれども、あなたがいま蜘蛛の糸のどの地点にいるのかは問題ではないのです。大事なことは、上にのぼることです。あなたがちょっとでも上にのぼれば、それが悟りです。下に下《お》りると、それが迷いです。

それが道元の考え方であり、それこそが「方便（ウパーヤ）」の考え方です。そこでは目的はどうでもいいのです。どうでもいいといえば語弊がありますが、ともあれ方便が絶対なんです。

では、われわれが仏に到達すればどうなるのだ？　そう問われるかもしれません。それについて道元は、「仏向上事《ぶつこうじようじ》」の巻において、

いはゆる仏向上事といふは、仏にいたりて、すゝみてさらに仏をみるなり。

と言っています。仏になっても、なおかつ仏に向かって歩む。それが方便（ウパーヤ）の考え方です。

ともあれ道元は、ただ歩みつづけることだけを考えました。迷いの中に悟りがあり、悟りの中に迷いがあるのです。われわれはただ歩みつづける。その歩みつづける修行こそが、悟り（証）にほかならない。それが、

——修証一等——

ということです。道元の『正法眼蔵』は、そのような非常にユニークな哲学を述べた書なのです。どうか禅の指南書としてではなく、哲学書として読んでください。そうすると『正法眼蔵』はそれほど難解ではなくなると思います。

読書案内

『正法眼蔵』はおもしろい本です。わたしなどは、もう何十回も『正法眼蔵』を読んでいますが、読むたびに新発見があり、〈なるほど、道元は『正法眼蔵』でこういうことを言いたかったのか。よく分かった〉と思うことがあります。ということは、それまでの理解は生半可であったわけです。だから読者も、いきなり『正法眼蔵』のすべてを分かろうとせず、少しずつ少しずつ『正法眼蔵』の世界にひたるとよいと思います。

そこで、『正法眼蔵』に親しむための文献を紹介します。いちおう入手しやすいものにかぎります。

〔原文〕

『道元（上下）――日本思想大系12・13』（寺田透・水野弥穂子校注、岩波書店）

『正法眼蔵（全四巻）』（水野弥穂子校注、岩波文庫）

『道元禅師全集（第一巻・第二巻）』（河村孝道校訂・注釈、春秋社）

〔現代語訳〕

中村宗一『全訳　正法眼蔵（全四巻）』（誠信書房）

増谷文雄『現代語訳　正法眼蔵（全八巻）』（角川書店）

玉城康四郎『現代語訳　正法眼蔵（全六冊）』（大蔵出版）

『原文対照現代語訳　道元禅師全集（第一巻～第八巻）』（最初の七巻は水野弥穂子訳注、第八巻は石井修道訳注、春秋社）

森本和夫『『正法眼蔵』読解（全十巻）』（ちくま学芸文庫）

石井恭二『現代文訳　正法眼蔵（全五分冊）』（河出文庫）

けれども、これらの現代語訳を読んでも、なかなか道元の思想・哲学を理解することはむずかしいと思います。そのためには、適当な解説を読むよりほかないのですが、これといったおすすめ本はありません。

そこで、だいぶ手前味噌になりますが、拙著を紹介させていただきます。

ひろさちや『すらすら読める正法眼蔵』（講談社）

ひろさちや編訳『〔新訳〕正法眼蔵』（ＰＨＰ研究所）

ひろさちや『人間の生き方を道元に学ぶ』（春秋社）

この最後のものは、『正法眼蔵』の「現成公案」の巻を解説したものです。原文と現代語訳がついています。読んでいただきたいと思います。

あとがき

初期の仏教の経典——いわゆる小乗仏教の経典です——によると、釈迦は悟りを開いた直後、しばらくのあいだ伝道をためらっていました。経典によってその期間は異なるのですが、一週間から五週間のあいだ、釈迦は沈黙しています。自分の悟った真理と一体になり、それをじっと味わっています。釈迦はなぜ沈黙していたのか？　たぶん彼は、自分の悟った真理を言語で説くことはできないと考えたためだと思います。

しかし、その後、釈迦は伝道に踏み切りました。彼の悟った真理そのものは説くことができないにしても、その真理に到達するための方法、道筋、プロセスを教えることができると思ったからです。そして、それを教えるのが小乗仏教です。

ところで、〝小乗〟の語は差別語だから使うな、と言う人がいます。しかし、そうではありません。これは、ごく少数のエリートのための仏教という意味です。もっとも、サンスクリット語ではこの仏教は〝ヒーナ・ヤーナ〟と呼ばれ、〝ヒーナ〟は「劣った」という意味ですから、サンスクリット語で考えるとこれは蔑称になります。日本語の

〝小乗〟は、むしろ「少数精鋭」の意味だと受け取ればよいでしょう。

さて、このような小乗仏教に対して、釈迦の入滅後四、五百年もしてから、インドの地に大乗仏教が発祥します。大乗というのは、多くの人を悟りの彼岸に導くための大きな勝《すぐ》れた乗り物といった意味です。

そして大乗仏教は、仏教の原点は、釈迦が真理と一体化していた、その状態にあると考えます。釈迦が真理を悟り、それを誰にも説かずに、じっと静かに味わっていた状態、それこそが仏教の原点だと大乗仏教では考えるのです。

わたしがこのように言えば、本書をお読みになった読者は、まさに道元が釈迦の原点に立ち戻った仏教者・哲学者であることに気づかれるでしょう。道元は、わたしたちのちっぽけな自我意識を大きな大きな悟りの世界に融け込ませ、その悟りの世界の中でゆったりと遊ぶことを考えました、それが道元の哲学です。

けれども〝遊び〟という言葉に引っかかる読者もおられましょう。どうもまじめ人間の多い日本人は、遊びが好きではありません。大きな抵抗を覚えるようです。でも、仏教に〝遊戯《ゆげ》〟という言葉があります。これは、仏や菩薩の自由で、何ものにもとらわれない境地をいいます。仏が衆生を救済されるにしても、汗水たらしてふうふう言いながら救われるのでは、救われるほうがしんどくなります、やっぱり遊びの境地で救われたほうが、救われるにしてもありがたいですね。それが遊戯といったことなんです。

だから道元は、『普勧坐禅儀』の中で、次のように言っています。


いわゆる坐禅は、習禅にあらず。ただこれは安楽の法門なり。（原漢文）

〝習禅〟というのは、「修行」と考えればよいでしょう。道元は、坐禅は修行ではない、それは「仏教を楽しむことだ」（安楽の法門）と言っているのです。

正直に告白すれば、わたしは修行というものが好きではありません。禅僧のうちには、修行のための修行（坐禅のための坐禅）を強調される人もいますが、それはおかしいと思います。そもそも仏教は、わたしたちに「生き方」を教えてくれているものであって、それは人生を楽しく生きることだと思います。歯を食い縛《しば》って修行するために、われわれは人生を生きているのではありません。もっと楽しく生きるための仏教でなければならないと思います。

そういう気持ちで、わたしは本書において道元にアプローチしました。それは同時に、仏教の開祖である釈迦に戻ることです。読者もそういう気持ちで、道元を通じて仏教の原点にアプローチしてください。われわれが禅を楽しむことができれば、道元もきっと喜んでくれるだろうとわたしは確信しています。『正法眼蔵』を、修行のための修行の手引書にしないでください。それがわたしからのお願いです。

ひろさちや

二〇一八年七月

本書は、「ＮＨＫ１００分de名著」において、２０１６年11月に放送された「道元『正法眼蔵』」のテキストを底本として加筆・修正し、新たにブックス特別章「道元の「哲学」とは何か」、読書案内などを収載したものです。

装丁・本文デザイン／菊地信義
編集協力／山下聡子、福田光一
本文フォーマットデザイン／山田孝之
図版作成／小林惑名
エンドマークデザイン／佐藤勝則
本文組版／㈱CVC
協力／ NHKエデュケーショナル

p.1　道元禅師像（写真提供　福井　宝慶寺）
p.13 坐禅する永平寺の修行僧（写真提供　福井　大本山永平寺）
p.37 作務を行う永平寺の修行僧（写真提供　福井　大本山永平寺）
p.63 道元真筆「山水経」『正法眼蔵』（愛知　全久院蔵／写真提供　豊橋市文化財センター）
p.91 行鉢（食事）をする永平寺の修行僧（写真提供　福井　大本山永平寺）

ひろさちや

1936年大阪生まれ。仏教思想家。本名、増原良彦。東京大学文学部印度哲学科卒業。同大学院博士課程修了。気象大学校教授を経て、現在、仏教を中心とした宗教問題の啓蒙家として、多くの人々の支持を得る。該博な知識と上質のユーモアを駆使し、難解な専門用語を避けて宗教をわかりやすく語る切り口には定評がある。『仏教の歴史』(全10巻、春秋社)をはじめ、『仏教初歩』『「宗教」の読み方』(ともに鈴木出版)、『ひろさちやの般若心経88講』(新潮社)、『「狂い」のすすめ』(集英社)、『すらすら読める正法眼蔵』(講談社)、『[新訳]正法眼蔵——迷いのなかに悟りがあり、悟りのなかに迷いがある』(PHP研究所)、『道元——仏道を生きる』(春秋社)など、宗教啓蒙書や人生論に関する著書多数。

NHK「100分de名著」ブックス
道元　正法眼蔵～わからないことがわかるということが悟り

2018年 8 月25日　第1刷発行
2020年 8 月25日　第5刷発行

著者————ひろさちや　

発行者———森永公紀

発行所———NHK出版
〒150-8081　東京都渋谷区宇田川町41-1
電話　0570-009-321（問い合わせ）　0570-000-321（注文）
ホームページ　https://www.nhk-book.co.jp
振替 00110-1-49701

印刷・製本—廣済堂

Printed in Japan　ISBN978-4-14-081752-0　C0015

NHK「100分de名著」ブックス